清沢満之の宗教原理論

Kiyozawa
Manshi
Principles of
Religion

藤島正雄
FUJISHIMA MASAO

幻冬舎MC

清沢満之《きよざわまんし》の宗教原理論

註

①清沢満之《きよざわまんし》の年齢は、数え年で統一しました。

②清沢満之の名前は、徳永満之助、徳永満之、養子となった後に清沢満之と改称しています。また五つの諸号や諱号などもありますが、「満之」および「清沢満之」に統一しました。

はじめに

ようこそ、清沢満之《きよざわまんし》の世界へ。

これからみなさんに、日本が世界に誇る哲人宗教家、清沢満之《きよざわまんし》をご紹介します。清沢満之は宗教に近代的な視座を与え、精神に新たな光を投じて明治の親鸞とよばれました。

人生には、必ず完全な立脚地がなければならないといい、この立脚地を獲得する精神の筋道が宗教であると、平易な言葉で宗教を表現しました。清沢満之は東京帝国大学で哲学を専攻してフェノロサに師事し、将来は世界的哲学者になると嘱望されていましたが突然、僧侶になったことから宗教界に一種の激震が走り、それはやがて驚くべき展開を見せることになります。

東本願寺復興のために教団改革をめざして奮戦しましたが及ばず、挫折を味わっています。彼は宗教の実験を通して自由境《じゆうきょう》世界に到達し、精神主義運動を提唱しました。この運動は明治社会に大きな広がりを見せましたが、満之が早死にしたり、明治社会が帝国主義的傾向を強めるにつれて縮小していきました。

しかし彼の提示した数々の宗教的実験は、没後120年の今日まで色あせることなく生き続けています。

本稿の一章では、清沢満之が哲学に出会い、宗教に関わるまでの、明治初期の社会や人間を見ています。

二章では、彼が宗教原理論を基盤として、宗教的実験を始めた意図と信念確立にいたるまでの過程を見ています。

三章では、宗教的実験を検証した信念の考察と、精神主義運動の諸問題を述べています。

清沢満之の宗教原理論　目次

凡例

1，本文中の引用文は、必要に応じて現代かなづかいに改めました。
また句読点や濁点を適宜補っています。

2，引用表記は、次のように定めました。
○『清沢満之全集』法蔵館1巻‐p．1は、昭和四十六年第3刷の暁烏敏西村見暁編八巻全集　法蔵館発行の、巻数とページ数です。
○西村‐p．1は、昭和四十八年第3刷の『清沢満之先生』西村見暁著　法蔵館発行のページ数です。
○EP1巻1章は、1980年第6刷の『エピクテートス・人生談義』上下二巻、鹿野治助訳　岩波文庫の巻数と章数です。ページは除きました。
○スッタニパータ1偈《げ》は、1984年改訳第1刷の中村元訳　岩波文庫の偈数です。ページは除きました。
○その他必要に応じて、書名、著作者、出版社、ページ数を記しました。

3, 引用文中の「・・」は、著者による中略を示しています。

4, 読者の便を考えて、適宜ルビを施しました。

5, 引用文中には、人権上問題視される表現がありますが、出版された当時の背景を示すものとしてそのままにしました。

第一章　清沢満之《きよざわまんし》の前半生

清沢満之《きよざわまんし》の宗教の特徴は、普通の人間として宗教に関わった点にあります。彼は寺院の生まれではなく、宗教的霊感があったり奇跡をおこした人間でもありません。むしろ一般人として現実的な合理精神をかざして、東本願寺という伝統教団と向き合い、宗教の実験をすることから出発しました。この点を重視して、幼少期から東京大学大学院に入学する前後までの、人と社会を見ていきます。

第一節　誕生から幼少期

第一項　誕生

清沢満之は、江戸時代末期の文久3年（西暦1863年）6月26日に名古屋黒門町八一に、武士の子として生まれました。父は尾張藩の藩士徳永永則、母は同藩藩士横井甚左衛門の娘たきです。兄弟は満之が長男で、おゑつ、お志やう、金之助の二男二女です。満之の幼名は満之助《まんのすけ》といいました。

明治11年に満之が16歳で東本願寺の僧侶となったときの度牒《どちょう》（僧侶の証明書）には、満之助と記されていますから、この頃まで満之助《まんのすけ》という呼び名でした。成人したのちの命名は満之《まんし》です。幼名の満之助から「助」を切り取っただけの命名に過ぎません。名前など名称にはとんとかまわない、さばさばした性格をよく表しています。

父と母

「慈父は尾州名古屋の藩士徳永永則にして、性剛直、志操堅くして、意に反せば頑として容れざるあり。同藩組頭に重用せられ、職務のかたわら仏典を耽読して修養深く、ことに禅に親しみて、一休和尚の性行括淡洒脱なるを賞し、また卜易に通ぜり。悲母は同藩士横井甚左衛門の長女たき女、兄妹三人にして兄は甚内、妹はゆきゑ女なり。」

『清沢満之全集』法蔵館1巻－p．519

父永則は質実剛健で、一度決めたらてこでも動かない頑固な性格でした。その一方で武士らしく禅に親しみ、仏典を読んで修養に励み、一休禅師の生き方に共鳴して、快活な性格だったといいます。のちに藩の組頭として重用されているのは、真摯で忠実、有能な人物だったからでしょう。

母たきは温厚な性質でしたが、凛として威厳があり、仏法聴聞にいそしむ真宗門徒でした。たきの妹ゆきゑと顔がそっくりで、姉妹そろって仲良く近くの覚音寺や崇覚寺に参詣し、浄土真宗の説法を聴聞したといいます。

そしてこの姉妹がそろって首筋までの断髪（夫を亡くした女の風習）をしたことが伝わっています。その理由を人が問うと、「仏弟子でなあ」といい、洗髪・髪結いする時間が短くてすみ、衛生的であるうえ、回数が少ないからだと、論理的な回答をしたということです。この母姉妹の行状の中に、後年、満之が行者生活をし、ミニマムポシブル（最少可能）を実験した原型があるように思われます。ちなみに妹ゆきゑは、美濃国真楽寺に嫁しています。

第二項　幕末から明治の社会

満之の誕生は、幕末から明治への転換期に当たります。満之が2歳の時に蛤《はまぐり》御門の変があり、東本願寺の本堂や枳殻邸《きこくてい》・高倉学寮《たかくらがくりょう》は灰燼に帰してしまいました。東本願寺が徳川家の庇護で建てられた寺院だったことで、倒幕派の恨みをかったのだというもっともらしい噂が流れました。このような災難にあい、神道国教化による廃仏毀釈《はいぶつきしゃく》という重い課題を背負って、東本願寺は明治維新を船出しました。このことが満之の宗教へ大きな役割を果たしています。

東本願寺の課題

東本願寺がこの時代の転換期に際して第一になすべきことは、明治政権とうまく交渉して、生き残りを図ることでした。廃寺処分にされる危険が十分あったからです。そこで東本願寺は、新たな権力者となった朝廷へ莫大な献上金を上納し、維新政府には北海道開拓の負担を買って出ています。この配慮は政権の鼻息をうかがう苦渋の決断だったことはもちろんでした。

第二になすべきことは維新の騒乱で焼け落ちた東本願寺の本堂（大師堂と阿弥陀堂）の再建です。これには巨額の資金がかかります。朝廷から本堂再建の綸旨《りんし》を受けて、全国の門徒に東本願寺再建の檄文を回しました。この政権への配慮と、本堂再建の負担金は、東本願寺の門徒と末寺へ重くのしかかりました。勤王派として明治維新を迎えた西本願寺とは、まったく別の道をたどっていったのです。

徳永家

明治維新という時代の劇的変化は、徳永家にとっても他人事ではありません。名古屋尾張藩という旧幕府に属した人々には、新政権の中で要職につける可能性はゼロに等しいものでした。前十五代将軍の徳川慶喜でさえ謹慎蟄居の身で、生命さえ危ぶまれていたのです。

満之一家も当然、困窮しました。父の永則は、竹籠を担いでお茶の行商をして一家の糊口をしのいだといいます。しかし明治という新時代は、悪いことばかりではありませんでした。能力次第では、何にでもなれる明るい気分を持った時代でもあったのです。満之の父永則は、将来を見通す力があり、貧しくても満之にできる限りの教育を施そうとしました。

第三項　幼少期の教育

満之は幼いころから、周囲を驚かす頭脳明晰ぶりを発揮しています。満之の逸材を発見したのは、父方の祖母（忠左衛門の妻マツ）でした。満之が誕生した翌年、妹おゑつが生まれたので、満之はこの祖母のもとへ里子に出されました。祖母マツは文学に造詣が深く、満之に百人一首を教えてみたところ、かぞえ4歳になったばかりの子がたちまち歌を覚えてしまい、百人一首をすらすら読むようになったのです。祖母は満之の異才ぶりに仰天して、人が来るたびに膝の上で読ませて自慢したといいます。しかしこの祖母はまもなく死去したので、満之は再び母のもとへ帰りました。

正信偈和讃《しょうしんげわさん》の読誦《どくじゅ》

真宗王国名古屋の篤信の家庭では、朝夕に家族一同で仏前勤行して一日を過ごす習慣がありました。幼い満之も父母といっしょにお勤めをしているうち、数え年5歳で、正信偈和讃《しょうしんげわさん》や御文《おふみ》を読んで、師匠寺の住職を驚かせたといいます。

満之の従兄弟に当たる五十川蔡華《いそかわさいか》は、自分の寺に満之が母と遊びに来たとき、彼が本堂で正信偈和讃を読誦し、炬燵《こたつ》の上で朗々と百人一首を暗誦したので、その神童ぶりに驚いたと語っています。おかげで幼いころの蔡華は、母から「満《まん》ちゃんはこれこれだ」と常に督励されて、敬服したということです。

活発な幼年期

満之は内に引きこもるようなタイプではありませんでした。友達と駆け回って遊びました。6歳の頃には友達と凧揚《たこあ》げ遊びをしましたが、凧の揚げあいでは負けたことがなく、年上の子も凧の糸の釣り合い方を満之に習いにきました。幼時から人に教えることが好きな子どもだったようです。教えることは、論理的な観察が必要ですから、この頃からその思考能力がすばぬけていたと思われます。後に生涯の親友となる稲葉昌丸《いなばまさまる》も、満之の幼少期は活発だったとのべています。

「この時分、師（満之）は挙動はなはだ活発で、走る、相撲をとる、衣服の損じておらぬことはまれで、たびたび学校の監督に叱られました。議論はこの時分からすでに好きで、また中々達者で、しばしば人を困らせました。」

『清沢満之全集』法蔵館1巻－p．542

と、いっています。だが一方では、満之が寡黙な幼少を過ごし、人と交際することを好まなかったという評もあります。

「清沢氏の幼時は、人と交わるを好まず、寡言沈黙せり。ただ予と実弟空順と往来するのみ。しかるに名声赫々、小学時代にも神童の称あり。席次は常に級中の首位を占め、人みな畏敬せり。」〔覚音寺小川空恵〕

『清沢満之全集』法蔵館1巻－p．528

と、いっていますが、これは友人の違いからくる満之評だと思われます。

第二節　少年期の教育

満之がやや本格的な教育に身を置いたのは、明治3年、8歳の時に「不怠堂」という渡辺圭一郎の手習い塾で文字を学んだ時からでした。9歳の時には算術も習っています。たちまち上達して師匠の渡辺が、自分に代わって生徒を教えるようにと命じたそうです。普通なら得意になるところですが、言下に「自分は授業料を出して習いに来ている生徒ですから、他の生徒を教える資格はありません」と断ったといいます。立場の違いをくっきりと分けて判断する性格だったことがうかがえます。

第一項　義校《ぎこう》

愛知県では教育制度を整えるため、満之の地元に第五義校《ぎこう》を開設しました。満之が10歳の時です。それまでは私設の寺子屋や塾が各所にありましたが、県は義校としてそれらを統括する方針をとり、読書・習字・算術の三課を各寺子屋の師匠に分担させて教師としました。教師に任命された師匠は自分の門弟を義校に入学させています。ですから生徒の質はずいぶん不揃《ふぞろ》いだったようで、長・幼・男・女が渾然《こんぜん》と座っている風情は

「奇観《きかん》」であったといいます。教師は一段高い畳に正座し、生徒は旧式の机文庫を抱えて座り、順番に先生の前に出て、読み方やそろばんの稽古をさせるという寺子屋式の教授法をとっていました。この正座式の寺子屋教室から、腰掛け式の教室にかわったのは、明治7年からです。

学課表

小学校の前身であるこの義校の学課表を見ると、六学年に分けられて、和漢史・神皇正統記・孟子・論語等の漢籍を読むことや、外国の里程・年号の暗誦、公用文・唐詩選・千字文・楷行草の習字、経営・利息・比例式・乗除などの高等算術が課せられ、今の中高生でも難しいと思われる学習計画がふんだんに盛り込まれていました。その理由は明治新国家の方針が、早く欧米列強に追いつこうと躍起になっていたからです。それがこの義校の学課表に現れています。

小学校

明治6年、政府はこの義校を廃し、小学校と改称しました。この改訂によって学校は許可制になり、学期、出校退校、休日、試験、掃除、男女別席、当直、賞罰などが定められました。こうして本格的な制度が整った小学校（筒井小学校）へ、満之は11歳で転入し、そして次の年には卒業しました。席次は断然トップでした。学期は二期制でしたから7月8日の卒業となっています。

英語学校

明治7年から10年まで文部省公布の愛知英語学校が開設されています。英米澳の外人教師がついた本格的な学校で、算数地理歴史も教えています。通訳者コースと語学専門コースがあり、授業料は年間6円で相当高かったのですが、優秀な学生は飛び級で進級できました。この期間244人が学んだということです。この英語学校は市民には不評で、毛嫌いされていました。幕末の攘夷思想が、外国文化を忌み嫌う風として残っていたからでしょう。しかし満之の父永則は、日本は今後必ず、欧米式の文化が全盛になると見て、高額な授業料を工面して満之を通わせました。

満之はここで英語の基礎を学び、年齢は足りませんでしたが本入学生となり、またたく間に通訳できるまでになっています。これは後に東京帝国大学の授業を受ける上で大きな助けとなりました。この点でも満之の前半生は、僥倖の星に魅入られていたと言えるでしょう。

14歳の時、英語学校が廃校となりました。教授だった英人は、満之の才能を愛でて東京へ連れて行こうとしましたが、しかし父の永則は許しませんでした。

医学校生になる

英語学校が明治10年に廃校となったころ、西本願寺の名古屋別院内に義病院《ぎびょういん》ができました。義校と同じ政策の病院でした。その義病院《ぎびょういん》の構内に医学校が設置され、生徒を募集しています。資格は小学課程卒業者です。満之の父永則は、得たりと、14歳の満之をこの医学校へ入学させました。医者になることはいつの世も栄誉です。医学生になった満之は、医学校のドクトル・ローレッツという教授からその優秀さを大変かわいがられ、岐阜で開催された医学の演説会に同行し、完璧な通訳をして大いに賞賛されたということです。

ドイツ語を学ぶ

最初、医学校は英語式の授業でしたが、公立校となるに従い、ドイツ語の授業に変更されました。満之はここでドイツ語も学びました。新築の校舎ができて機械医薬品も整備されていましたが、本格的授業がなかなか行われませんでした。医学校の組織や教育方針が、猫の目のように変わったからです。授業がほとんど行われないので、満之は退校しました。

しばらくぶらぶらしていましたが、近所の河原某という人のところで、四書五経（四書＝大学中庸論語孟子・五経＝易経書経詩経礼記春秋）を学んだり、自宅に子どもを集めて英語を教えたりしていたといいます。

第二項　育英《いくえい》教校《きょうこう》

当時、真宗大谷派（東本願寺）では僧侶教育に力を注ごうとしていました。その理由は、本山法主法主《ほっす》の大谷光瑩《こうえい》が石川舜台《しゅんだい》などと明治5年に海外視察したとき、日本の僧侶教育の必要を痛感したからでした。

海外ではキリスト教の神父は聖書を学び、伝道もしています。しかし日本の僧侶は、寺請制度になじんだままで勉強をまったくせず、伝道もしない自堕落な現状に危機感を抱いたからでした。このままでは欧化政策、廃仏毀釈の嵐に押しつぶされると、全国の僧侶子弟、有為の人材を集め、特別の僧侶英才教育の計画を立てたのが「育英教校」の創設でした。

育英教校は、本山教育課の直轄で、僧侶教育の教師をつくるための教師教校・大教校・中教校・小教校と四種に制度化されて、地方にまで波及させました。この教校で学ぶ者は、授業料と生活費が無料という特典がありました。「今考えてもずいぶんハイカラな制度」だったと、暁烏敏《あけがらすはや》はのべています。

第三項　僧侶になる

この頃、龍華空音という僧侶が、満之の天才ぶりを知り、宗教界に引き入れて僧侶にしたいと考えていました。自らも満之を勧誘しましたが、満之の友達で覚音寺の小川空順《くうじゅん》、空恵《くうえ》兄弟にも勧めさせました。弟の空恵と満之は仲が良くて、毎晩のように覚音寺で一緒に勉強し、学課の復習予習をしていたといいます。

あるとき満之がめずらしく空恵に愚痴をこぼしたそうです。「医学校に入って医者になろうと思ったけど、その医学校が廃止されてあの通りだ。将来の方向が定まらん。どうしたらいいものか」

そこで空恵が「医者もいいが、医者と僧侶はだいたい似たようなものだ。僧侶になれ、僧侶になれば、育英教校という学校があるから、ただで勉強ができる。兄の空順も学んでいる」

このことばに満之は強く動かされ、家に帰ってこの話をしたところ、父の永則と母のタキは一も二もなく賛成しました。こうして八方ふさがりだった満之の周りに再び幸運の光が差し込みました。浄土真宗王国という地域でこその幸運だといえるでしょう。

上洛

京都の育英教校に通っていた空順から、楠潜龍《せんりゅう》という本山役人が名古屋別院に来るから入学を依頼せよという連絡が舞い込みました。そこで満之は楠潜龍と会い、英語と漢学の試験を受けて難なく及第しました。

なお育英教校に入学するためには、本山で得度《とくど》（僧侶になる儀式）をして度牒《どちょう》（僧侶の証明書）を貰う必要があります。そこで満之は空恵といっしょに京都に赴くこととなりました。満之がふるさとを後にする初めての旅行でした。

京都烏丸《からすま》の名古屋詰所《つめしょ》に宿泊した二人は、一緒に都見物をして、東寺に参拝しています。満之の懐中には天保銭2枚しかありませんでしたが、その1枚を惜しげなく賽銭箱に投げ込んだそうです。旅行中は金銭が命綱です。空恵は驚いて、このことをいつまでも忘れなかったといいます。満之の金銭感覚は実にさばさばとしたものでした。

得度《とくど》

満之は得度式で法主《ほっす》光勝にまみえ、覚音寺付属の僧侶となりました。はじめて三部経そのほかの声明《しょうみょう》（お経の読み方）を習っています。満之の人生はこうして宗教に大きく舵を切ったのです。満之はこのとき16歳です。

育英教校で一緒にまなび、生涯の友となった稲葉昌丸《まさまる》や今川覚神《かくじん》は次のように満之を評しています。

「当時英語と数学とは君（満之）の得意とするところにて、挙動活発、ひまあれば高声に三経を読誦《どくじゅ》す。けだし僧侶となりて日なお浅く読法練習のためなり。かくて道心堅固の聖僧たる面影あるため、高潔なる意味にて「ビショップ」なる異名をえたり。同時に寺格身分の高きを誇れるある一人に与へられたる「ポンチフ」なる異名と好一対たりき。」

『清沢満之全集』法蔵館1巻－p.５４１

満之は漫然と時を過ごすタイプの人間ではなく、常に何かに没頭していました。休み時間、大声で三部経を読んでいる姿は道心堅固な清僧そのもので、「ビショップ（カトリックの司教）」と呼ばれました。またビショップはチェスの駒で勝敗の要となる大駒ですから、同期生に大きな飛躍を感じさせる生徒だったようです。同級生に寺格の高い連枝《れんし》（法主の姻戚）の子も在籍していましたが、好対照だったようです。

英語や数学で満之にかなうものは一人もいませんでしたが、文学に関してはあまり堪能ではなく、文章は理屈っぽかったようです。それは生涯変わりません。

先輩と同胞

満之が入学する前に、井上円了《えんりょう》という新潟の寺院の子息が、教師教校に入学していました。円了は満之より先に東京大学に入り、哲学館を開いて、のちの東洋大学を創設した人物です。

この頃本山では改革推進派の石川舜台《しゅんだい》が、反対派の渥美契縁《けいえん》と犬猿の仲で、石川は一時免職され、肝いりだった育英教校も縮小されてしまいました。石川派と渥美派はことごとく対立して、本山は怒号にあふれる政争の場と化し、ユニークな育英教校もあっけなく消滅してしまいました。偶然とはいえ、満之たちのために育英教校が存在して、また消滅したようなものでした。

第四項　東京留学

明治14年、19歳の満之は級友の柳祐久《ゆうきゅう》、稲葉昌丸と3人で東京留学を命ぜられました。この三人はまだ少年だったので、すべて井上円了を手本にせよといい含められて出発しました。東京の先輩井上円了は、学生らしく質素な身なりをしていました。そこで後輩の三人は京都風の華美な身なりを改めて、麻草履《ぞうり》を履き木綿の服を着るようにしました。胸ふくらむ青春時代は、こうして身なりから始まったのです。

予備門

満之は明治15年、20歳で東京大学予備門に合格しました。学課表をみると、動物学・植物学・生理学・数学・化学・物理学・理財学・簿記法・修身学・和漢文と列挙されています。予備門では大学入学に必要な必修科目がすべて詰めこまれています。とにかく短い期間でこれらをすべて履修しなければなりません。

予備門の履修学科の記録を見ると「画学」もありました。満之がどんな絵を描いたのか興味が湧きますが、彼の絵は残っていません。

東大予備門には褒賞給費制度があって、満之はすぐ特待生となりました。また漢籍英語のできるものはすぐ上級に進級できました。満之はすぐに第一級（最上級）に進級しています。

予備門日記

予備門に入った満之は、まず日記をつけることから始めました。冒頭に日記の意義をこまごまと述べています。①漫然と月日を過ごすことのないよう日記をつける。②文字の記録は記憶にまさる。③冊子にお金を費やすのは無駄であるが、頭の記憶よりも、日記の記録が後の参考になる、などと理屈っぽく列挙しています。

満之のつけた日記の特徴は、公的性格を持たせていることです。公開される前提で日記をつけました。秘密なことや、プライベートなことはほとんど書かれていません。日記に書かれたものがそのまま発表されたりしました。また病状や交友記録などもきわめて簡潔で、感情的なことはほとんど書かれていません。

公的性格を持たせた日記の意義は大きいものがあります。仏教初期に成立した『阿含《あごん》経《きょう》』には次のように語られています。

「覆《おお》われたもの（隠したもの）に雨（禍い）が降り注ぐ。開きあらわされたものには、雨は降らない。それ故に、覆われたものを開けよ。そうしたならば、それに雨は降り注がない。心ある人はこの道理を見て、つねに戒めをまもり、すみやかにニルヴァーナにいたる道を清くせよ。」

ウダーナヴァルガ（感興のことば）6章　岩波文庫中村元訳

自分の行為を隠蔽しようとすれば、わざわいが降りかかる、だから何も秘密にすべきではないと述べられています。隠そうとすればいろんな障害がおこることを古代人は知っていたのです。ローマの哲学者エピクテタスも次のようにいいます。

「何よりもまず理性は太陽よりも純粋でなければならない。もしそうでなければ、彼は自分が何か悪事にかかわりながら、他の人々を非難するかたり者か軽率者とならざるを得ないわけである。」

『エピクテタス語録』3巻－22章

隠匿《いんとく》されるものはないという公《おおやけ》の気持ちが、人生を歩むときにもっとも大切な感覚だと指摘した言葉です。

第五項　司馬遼太郎の満之評

この「予備門日記」を読んだ司馬遼太郎は、満之の性格を次のように分析しています。

「自分（満之）はうまれて二十年になった、しかし何を得たかというに身丈がすこしのびただけである、これではならぬ、という焦燥感と自戒の言葉をつらねた文章のなかに、二十年という歳月の実感を「これを日数にすれば一年三百六十日とするも七千二百日」と表現している。ここまでは普通よくあるあに励まざるべけんや的表現だが、さらにかれは自分により深刻に実感させるために、「これを分にすれば、千〇三十六万八千分」、秒にすれば「六億二千二百〇八万秒となる」とまで書いている。ここまで計算してからやっと「二十年」という歳月をなっとくできる頭脳的性格だったのであろう。同時にその生涯の足跡でも察せられるように、かれは物事を芸術的直感で結論がさとれる体質でなく、キリで揉みこむような理詰めの追究のあげくに何らかの結論を得るにいたる体質であることを、この二十歳のときの日記で察することができる。」

『二十世紀末の闇と光　司馬遼太郎歴史歓談Ⅱ』２００４年　中公文庫－p．１７５

と、満之を理詰めに追求する頭脳的性格だと指摘しています。のちに精神主義運動を展開するに際して「意志の薄弱なるものは、信念に至ることができない、意志の強健なるものは、自然に到達する」と、宗教には、ねばり強く追求していく理性的な意志が重要だと述べている点も、満之の生涯を貫いている特長でした。宗教を実験して確かめなければおれない独自の宗教観を持っていたと思われます。

哲学から宗教へ

重ねて司馬は、哲学から宗教に到達できるかどうか、きわめて疑問であるといっています。

「満之さんは哲学から宗教へ大飛躍したことになっているけれども、それは多分に満之さん自身が環境的に哲学からひきはなされて本願寺の塀の中に入らざるをえなかったということがあるわけで、満之の思想が宗教になったかどうか疑問ですね。宗教への近似値であってもやはり哲学であって、だから満之さんによって、いっぺんに救われてしまうことはないいんじゃないか。これは満之さんへの失望ではなくて、むしろあこがれの表現なんですけどね。」

『二十世紀末の闇と光 司馬遼太郎歴史歓談Ⅱ』２００４年 中公文庫 p．１９４

哲学をもって宗教に肉迫した満之の実践を、「めずらしい実験」だと賞讃しつつも、司馬は哲学から宗教にはなり得ないという見方をしていました。満之が哲学者であった方がいいという気持ちが働いていたかも知れません。というのは宗教は、塀に囲まれた異質世界のことだという捉えがたい感覚があったからと思われます。

第三節　哲学期

第一項　東京大学哲学科

明治16年9月、満之は東京大学文学部哲学科に入学しました。しかし直後の10月、大学に暴動が起こって、暴動に加担した多くの学生が退学させられています。満之もその一人でした。騒動の原因はよくわかっていません。一説には学生寄宿舎の待遇問題だったといわれています。その騒動が二ヶ月後に収束しましたので、退学処分は撤回され、全員復学しました。

寄宿舎生活

満之の寄宿舎生活は、一歳年下の沢柳《さわやなぎ》政太郎《まさたろう》や上田万年と三人での相部屋生活でした。満之の成績はここでも常にトップで、教える教授以上の力があるとも評されました。沢柳とは終生親友となりましたが、両者とも議論が好きで、よく理屈を並べて論争し喧嘩もしました。ある時、議論に満之が勝ちましたが、沢柳が癇癪を起こして、「それならこうする」と満之の耳を引っ張って机の周りを引きずり回しました。満之は黙ったまま痛いとも言わず、どこまでもついて行ったといいます。自分の思うところは決して曲げない性格なのです。

第二項　満之の性格

満之の性格をよく表す話がもう一つ残っています。それは稲葉昌丸が満之に進路の相談をした時のことでした。満之は、「今日本にはキリスト教が蔓延して仏教が衰退している。これを捨てておいてはためにならない。キリスト教を潰すには進化論をもって対抗するのが一番だ。進化論を極めるには動物学を極めるに限る。君はぜひ動物学を専門に修めよ」と稲葉にいったので、稲葉はその通りに動物学を専攻しました。

稲葉は動物学を専攻したものの、進化論は授業で一向に講義されません。ネズミを解剖したり、あれやこれやしているうちに卒業になってしまったといっています。その後、満之から京都府立中学校の経営に参加せよといわれたので、いわれるまま京都府立中学の教師となり、ついで学校長となりました。「今はおかげでこうして平凡な毎日を送っています。」と満之とのやりとりを振り返っています。

満之は一途に思いこむ性格で、人は自分と同じにできると考える性格でした。この性格の故に、府立中学の校長になると、校則を変えたり、制服を僧服に変更したりして、大きな物議を醸しました。また突然、行者生活を始めたのもこの一途な性格によるものでした。家庭にまで行者生活を及ぼして、妻を困らせたりしました。暁烏敏は、「常に弁明の必要な先生であった」と述べています。ひとえに満之の教育癖から出た言動です。

花見と酒と犬

満之の嗜好を示す逸話に「花見」があります。花見は日本人にとって太古から好ましいとされる文化の一つですが、満之は次のように批評しています。

「世の人が桜花が開けばみな腰に瓢簞《ひょうたん》を提げ背に行厨《こうり》を負うて淫嬌なる桜の花の下に来りてさも愉快らしく酒を飲み、飯を食いて楽しむとは　そもそも何ゆえか、予は一向合点が行かぬ」

『清沢満之全集』法蔵館1巻-p．450

花見にうかれ騒ぐ人の気持ちがわからないと首をひねっています。満之は花や自然の美が嫌いなのではなく、倫理性を峻別して、淫嬌だと思えば近づこうとさえしなかったのです。

また満之の妹松宮鐘子は、「兄の満之は、酒や犬が大嫌いでした」と語っています。酒はたった一滴飲んでも真っ赤になって寝込むほどだったといいます。犬も嫌いで、庭に出るときなどは犬がいないかどうかを確かめて出るほどでした。論理が通用しないものはどうしても好きになれなかったのでしょう。

富士登山（注『清沢満之全集』法蔵館1巻－p．600）

満之の行動を子細に見ると、部屋や書斎に閉じこもってばかりの人間ではありません。学生時代の楽しい思い出に富士登山がありました。「十七講社」と銘打った、学年や学部がまちまちの17人の学生と一緒に、10日前後の富士登山をしています。

西村見暁によれば、そのときの記念写真があったそうです。そのうら書きに「明治十七年八月十七講社員十七名、富嶽に登り今その真影を撮り、もって記念となす」とあったそうです。十七名の学生の名簿を見れば、出身地や学部もばらばらで、哲学科の学生は満之のみです。だからどんな講社なのかわかりませんが、おそらく寄宿舎の仲間同士の登山だったのでしょう。明治17年のことですから17名の講社員としたのかもしれません。また仲間の学部がまちまちなのは、前年の暴動が寄宿舎問題だと言われていますから、寄宿舎の仲間たちが発案したものだったかもしれません。とにかく満之は、仲間意識の強い活発な性格で体力にも自信があったと思われます。

富士登山は8月2日から一週間の日程で、同行した今川覚神がこと細かに旅行の有様を記述しています。それによると、富士の絶景を感嘆し、山の寒さや空気の希薄さに震え上がったり、断崖絶壁に驚嘆したり、わいわいはしゃぎながらの楽しい旅行だったと伝えています。今川は温泉が好きだったようで、行く先々でお湯に浸かっています。「帝国大学の寄宿舎生活時代もっとも快なりし」と満之は回顧しています。

第三項　進路

満之たち国内留学組は教養学部の時に、まだ進路を決めていませんでした。先輩井上円了たちを交えて、自分たちの進路を相談したといいます。

満之は予備門時代には、物理学がとくに好きだったようで、実験観察する世界の方が性に合うと思っていました。一時は医者になろうとしたくらいですから当然でした。哲学を専攻したのは、みんなと相談した結果でした。

満之は、東本願寺が自分たちを東京留学させた理由を完全に理解していたと思います。本願寺を再興させるため有能な人物を育成するという本山の意向の一点で、哲学を専攻する決断をしました。その理由は、当時の東京帝国大学には「宗教科」が存在せず、大学院に「宗教哲学科」があったからに他なりません。物理学は今川が専攻しました。

哲学会

哲学を専攻したもう一つの理由は、先輩の井上円了が「哲学会」を創設して活躍を始めたからでした。井上は、機関誌『哲学雑誌』の一号において、次のようにのべています。

「学界の全面を望観すれば、哲学はその一小部分を占有するに過ぎずして、その大部分は理学・工学・文学・史学・法学・政学等の諸学科よりなるを見る。しかれども、これまた表面の浅見のみ。もしその深底に入りてこれを験すれば、理・文・政等の諸学の根拠となりて、これをしてその区域を保ち、これをしてその位置に安んぜしむるものは哲学なり。・・ゆえに余まさに言わんとす。哲理ようやく明らかにして、始めて諸学の進歩を見るべしと。哲学の必要おして知るべし。」

『清沢満之全集』法蔵館1巻－p．621

井上の考えでは、哲学は地味な学問のようであるけれど、日本国の発展の基礎は哲学にあると強く主張していました。もし哲学がなければ、日本の政治・理学・文学・工芸など諸々の学問は発展するわけがないと口を極めています。井上はいわば哲学の普及に、燃える火の玉のようになっていたのです。当然、満之にも勧めました。これが満之の心をとらえ、哲学を専攻する一因になったと思われます。満之は好みの物理学や数学には進みませんでしたが、哲学を選択することも大きなご縁だと神妙にしていたと思われます。

第四項　フェノロサ教授

哲学科に入学した満之は、水を得た魚のように哲学に突き進んでいきました。授業で一番面白かったのはフェノロサ教授の哲学だったと述べています。

日本最初の西洋哲学教授となったフェノロサは、米国ハーバード大学の哲学科を主席で卒業し、一年ばかりボストン美術館で絵画を学んでいましたが、先に来日して動物学教授となっていたモース（日本縄文土器の発見者）の紹介で日本に興味を持ち、東京大学に奉職する決心をして来日しました。明治11年、フェノロサ25歳のときです。

フェノロサは大変面白い人物で、哲学・政治学が専門でありながら、美術絵画に傾倒し、給料のほとんどを日本美術の収集に費やしました。

日本の美術品を収集し始めたきっかけは、奈良に観光旅行したとき、街道すじにたくさんの仏像仏具が無造作に積まれ、あわれにも風雨にさらされていたのを発見したからでした。美術に造詣の深かったフェノロサは仰天してしまいました。

この仏像放置の原因は、政府が主導した欧化政策と廃仏棄釈の風潮にありました。特に明治6年、キリスト教の伝道が解禁されると、奈良県の半数の寺院が廃寺状態になったといいます。そして不要になった仏像仏具や絵画などの美術品が、ゴミ同然に廃棄されました。この惨状を目の当たりにして、フェノロサはただちに日本美術の保護活動を始めています。

フェノロサは学生の岡倉天心らとともに、政府に文化財保護法を建言して「国宝」の概念をつくったり、東京美術学校の設立を企画したりしています。また美術館・博物館の建設を要請して、日本文化の保存と復興に尽力しています。政府はフェノロサたちの建言や要請に驚いて、日本古来の文化を見直すようになり予算も割り当てました。このゆえにフェノロサは「日本美術の恩人」といわれています。

またフェノロサは、大の日本びいきでした。キリスト教の信仰を捨てて仏教徒となり、滋賀の三井寺で受戒し「諦信《たいしん》」という戒名を授かっています。

この後フェノロサは米国に帰国して、イギリスへの講演旅行中に客死しましたが（55歳）、彼の遺言によって遺骨は、三井寺の塔頭《たっちゅう》法明院に埋葬されているといいます。

フェノロサの哲学授業

満之はフェノロサの優秀な教え子でした。満点を取っています。満之はフェノロサの授業が一番面白かったといい、特にヘーゲル哲学の授業をあげています。

「氏（フェノロサ）の哲学は、独乙流の哲学を講ずるにおいては、カント、フィヒテ、シェリング、ヘーゲルにわたりて講説するとともに、また英国流の哲学を論じては、ミル、スペンサーについての講述を悉うせり。」

『清沢満之全集』法蔵館1巻－p．617

フェノロサは哲学と科学進化論を融合・調和させる穏健な哲学を目指していました。宗教と科学と美術の三者を融合することが目的だったと満之はのべています。この融合調和の哲学は、満之の「信念の確立」に色濃く反映されています。

満之はフェノロサ教授から、哲学思想界全体を見る目をやしない、西洋哲学の要点を把握する能力を身につけました。そしてドイツ哲学の頂点ヘーゲルと英国哲学の頂点といわれたスペンサー経験哲学の融合調和にこそ、今後の日本哲学の方向があるという強い示唆を受けています。

やがて米国へ帰国したフェノロサを満之は残念がって、再び日本へ呼び寄せて真宗大学（後の大谷大学）へ招聘する計画をたてましたが、フェノロサの急死で実現しませんでした。この師弟は、物事の全体を見ることに長けた、同種の人間であったように思われます。

井上円了の哲学会

満之は井上円了が主幹する「哲学会」に参画し、『哲学会雑誌』という機関誌を発行し、その編集の任に当たっています。

加藤弘之（当時の東大学長）は、「徳永（満之の旧姓）があのまま哲学を続けていかれたなら、きっと世界的な哲学者になっておられたであろう」と、その才能の抜きんでていたことを語っています。

満之は『哲学会雑誌』の中で、「東西哲学を比較研究し、他日その二者の長ずる所を取りて新哲学を組織するにいたらば日本全国の栄誉なり」と述べているように、調和的な新哲学を確立することが、彼の青春期の情熱となっていました。このことは宗教への大きな弾みとなりました。

第五項　高校教諭になる

満之は明治20年7月、学部を卒業して大学院で宗教哲学を専攻しました。入学するとすぐに、東京の第一高等学校の歴史科の嘱託教員となって、一月40円という給料をもらえるようになりました。

高校ではフランス歴史を担当させられています。しかし満之は歴史の専門家ではありません。この辺の事情を岡田良平が次のように述べています。

「その時分は、今とはちがいまして、歴史を修めた者は一人もありませんでしたので、卒業式の後に、故外山正一君から呼ばれまして、二人して高等学校の歴史の講座を担任してくれとのことでありました。で、清沢君も私も、とてもその任に堪へぬことは存じていましたが、しかし今申す通り、誰もその人がないからとのことでやむことを得ず、第一高等学校の歴史科を受持つこととなり、その日から私は英国史を、清沢君は仏国史を、一年間受持ちました。」

『清沢満之全集』法蔵館1巻－p．633

専門外の者で、教員の穴を埋めるという当時の教育事情がわかって面白いと思います。もっとも彼らにとっては、高校の授業は朝飯前で、歴史本を一読すれば、専門家以上の高校授業ができたことでしょう。依頼されたその日から歴史の授業を始めています。

こうした経緯でしたが、満之は経済的に自立する事ができました。そこで両親を東京に呼び寄せています。彼の父母は満之の申し出に大喜びで従っています。とくに彼の母は断髪をして、心新たに満之のもとへ行ったといいます。

満之は、宗教哲学を学びつつ、高校では歴史を教え、哲学館では編集し講義する学究生活を送っています。この順風な時間は一年続きました。

第六項　学団《がくだん》（僧侶学校経営）

満之たち東京留学組には、地に落ちた東本願寺を再興させるという目標があり、将来は東本願寺の僧侶子弟を教育する学校を設立しようという明確な目標を持っていました。その学団計画が実現しそうな出来事が持ち上がりました。

満之と同学年の加賀秀一が、湯島の麟祥院《りんしょういん》という禅寺の和尚と親しくしていました。その和尚が新橋の実業家と交際があり、学校を経営したいという意向をもっていましたので、和尚が加賀に相談し、ここで一気に学校経営の話が具体化しました。

まず加賀を校長にして、東京外国語学校を麟祥院の境内に開校するというものです。生徒は200名、教師は築地の居留地にいたスコットランド人の宣教師と東京大学の学生たちでした（井上円了・徳永満之・柳祐信・柳祐久・今川覚神・稲葉昌丸・岡田良平・上田万年・湯原元一・西村謙三）。ところが校長の加賀が病気になってしまい、経営は頓挫してしまいました。そこで麟祥院の和尚と親しかった山岡鉄舟という人が、学校経営の継続を申し出たので彼に任せました。しかしどうにもうまくいきませんでした。

そこで今度は井上円了を校長にして再び学校経営をはじめようとしました。ところが、役員の岡田と加賀の二人は本願寺の留学生ではないので、本願寺主体の学校とはいえないと異議が出て、また頓挫してしまいます。あれやこれやで留学生による学校経営の計画は、結局破棄されてしまったといいます。

もしこの学校経営の話が軌道に乗っていれば、満之の京都行きはなかっただろうと西村見暁は述べています。しかしこの学団計画が頓挫したおかげで、満之の京都行きの素地が整って、宗門人となったといえるかも知れません。

第四節　宗門の人となる

第一項　京都行きの決断

東京での学団計画が頓挫したころ、京都では、府が経営する尋常中学校が財政難のため、東本願寺に学校経営を依頼してきました。東本願寺は、真宗大学寮という別科をつくって宗乗《しゅうじょう》（宗教の科目）及び哲学を教える条件ならばと、この申し出を引き受けることにしました。

学校の経営責任者を留学生から選ぶことにし、最初は今川覚神に話が向けられましたが、交渉はまとまりませんでした。そこで今度は満之に白羽の矢が立てられたといいます。友人の誰もが京都行きは「貧乏くじ」だと反対しました。というのは、当時の東本願寺は、魔物が住むと言われるほど政争の巷と化していて、本堂の建設に関わる権力争いや、金銭の流用、奢侈紊乱《しゃしびんらん》が日常化していて、新聞が僧侶の醜聞《スキャンダル》を書き立てるほどの有様だったのです。

ところが満之は本山の申し出を誰にも相談せず、一諾で京都行きを承諾しました。このときの満之の気持ちは、学団（学校経営）への情熱と、本山再興の思いがよほど強かったのかと思われます。学者になるには、東京の方がもちろんよいに決まっています。満之の思いはどうだったのでしょう。

「身は俗家に生れ、縁ありて真宗の寺門に入り本山の教育を受けて今日に至りたるもの、この点において予はあつく本山の恩を思い、これが報恩の道を尽さざるべからず。」

『清沢満之全集』法蔵館1巻－p．594

満之は「報恩の道」という一点で決断しています。この決断を司馬は、鎌倉以来の武士道の「御恩と奉公」の道義にそった選択だと指摘しています。

哲学的実践場

もう一点あえて言うなら、京都行きは受動的ではなく、積極的な決定だったと考えられます。満之は京都行きに「哲学的な意義」を見つけていたのです。彼は哲学という学問にある種の結論を出していて、哲学に欠けたものを見つめていました。哲学に欠けたもの、それは「実践」です。

哲学は、「道理の観察と実践」の必要性から出発しているはずですが、どういうわけか形而上学（観念）に凝りかたまる性質があります。時間論・煩瑣論などに特にその傾向が見られます。近代哲学の祖ヘーゲル哲学は、実践を重視していると満之が述べていますから、京都行きは、哲学を実践する能動的な選択だったと思います。満之の『純正哲学』にはそれが明瞭に示されています。

『純正哲学』は、純粋な哲学という意味で、三章まで書かれる予定でしたが、一章しかない未完の論文です。未完の理由は明らかではありません。多分満之が京都へ去ったためです。その一章目に「純正哲学は予想と実験・事実との撞着（矛盾）より起る」と述べられています。実践するという哲学的課題をもっていたことがわかります。

第二項　哲学の実践場

哲学を「実践」するには、哲学の帰結をはっきり見ていなければなりません。その哲学の帰結とは何だったのでしょうか。明治26年の「思想開発環」という講義にそれが示されています。

「思想開発環」

哲学の帰結を明らかにしている考察が「思想開発環」です。

これは『純正哲学』の発表から6年後、関西仏教青年会夏期講習会の講演で発表されました。「思想開発環」とは、「思想は進化開発を続けていけばループして元に戻る」という意味です。

思想は、原理の中に原理を求め、原則の中の原則を尋ね、道理の中に道理を希求して進化しつづけますが、進化の最後には循環してもとに戻る性質があることを述べたものです。思想が循環する理由は「思想は自立した存在で、自ら動くもの」だと捉えています。人間が思想を意義づけるのではなく、思想そのものが自立的運動をしていて循環して元に戻るという斬新な思想です。この着想は、ヘーゲル哲学と法華経の十如是から得られたと述べています。

思想が循環するなどという考えは、当時、誰一人として持っていませんでした。しかも思想が循環するという「思想開発環」が持つ強烈な思想は、思想界を転覆させる勢いさえありました。

この哲学的結論をすでに持っていた点からすれば、学者になるより、実践を選択したと見るほうが自然です。この場合の「実践」とは、本山の要請を承諾して、東京を離れ京都に行き、宗門学校を経営することでした。そして本山が画策するままに、名古屋の大寺西方寺の跡取り娘と結婚したのでした。

第三項　結婚

西方寺に入寺して結婚するという話は、突然湧いて出た話でした。満之は26歳です。この結婚について西村見暁が疑問を投げています。

「ここに一つの疑問がある。徳永家の長男であった先生が何故に清沢家の養子になどなられたのであるかということである。元来清沢先生は士族の出であってお寺の生れではない。」

『清沢満之先生』西村見暁 法蔵館 p．210

本山では満之が宗門から逃げ出さないよう、この不世出の人材を何とかとどめておこうと、大谷派寺院の養子にさせる画策をしていました。

本山重役の渥美契縁は満之を説得し、僧籍を一時渥美の寺に移してから、西方寺に入寺させるという迂回した手続きをとりました。この結婚に、徳永家のだれも反対した形跡がありませんから、ごく自然な形で進められたと思います。苗字も徳永姓のままでした。だから満之は寺の養子になったのではなく、寺の法務を手伝いするという形だったのです。

母のたきは、満之が得度を受けたときから僧侶になることは覚悟していましたので、寺の養子も自然だと考えたようです。しかし父の永則は、断然「士族徳永家」を継がせるという気持ちでいました。

「(京都に) 赴任せられたのは明治21年 (26歳) 七月六日のことであるが、その月の二四日には、やす子夫人を伴って大浜から京都に来ておられるから、七月二十日前後にはもう結婚式があげられた。だから随分にわかな話であった」と解説しています。

結婚はきわめて迅速に進められました。したがって色んな行き違いがおこって当然でした。後年これが徳永・清沢両家の紛争となって現れます。満之が「人情の煩累」に足をつっこんだ最初のできごとでした。お寺が「血脈相続《けちみゃくそうぞく》」されるという親鸞以来の伝統がもたらす真宗的悲劇だったといえるかも知れません。とにかく表向きには、結婚式はスムーズに行われ、祝宴は歓声に包まれました。

結婚生活の一端

嫁である西方寺の跡取り娘の次女やすは、21歳。深窓の令嬢というべきやさしい日本女性でした。新婚旅行というべき満之との京都行きは楽しかったようです。京都へ到着して西方寺の義父厳照へ書いた満之の手紙は、やすの安らいだ様子が綴られ、何も心配することはないと伝えられています。

満之は、この結婚以後、びっくりするほどの多忙人となりました。訪う人の多さ、門徒、役僧、総代、寺族、媒酌人、本山、別院、連枝等にまで心を配り、各方面へお礼の言上を述べ、特に義父義母に対して配慮を事細かに行っています。

その多忙の中で、西方寺の寺務、とくに寺院会計については最も注意すべきだと言及しています。寺請制度が寺の体内に巣くわせたずさんな会計は、この頃から気になっていたようです。後に、本山改革の第一に挙げたのも寺院会計でした。

第四項　京都府立中学と僧侶学校

京都府から東本願寺に託された京都府立中学校は、僧侶学校を擁立する形で託されました。この時代の学校制度は、小学、中学、大学の三部制でした。

やがて満之は校則を僧侶風に変え、制服も変更しました。満之の夢だった僧侶学校経営（学団）がここで実現するはずでした。しかし在学していた学生や職員からは、大きな反発をかいます。ストライキも起こされました。明治社会ではストライキはどこでも普通に起こっていたようですが、それにしても新たな校則は、急激すぎたうえに荒っぽかったと思われます。そこに本山を牛耳っている渥美契縁が介入してきて、混乱の度は大きくなりました。

しかし満之の道理に照らした説得に学生たちは徐々に従い、しばらく平穏になります。満之は東京から稲葉昌丸を呼び寄せ、稲葉を学校長にしました。ここから満之の生活が激変していきます。彼の実験が開始されたのです。

第五項　行者すがた

満之はこの学校経営のなかで、行者生活には特別な関心を寄せていました。

満之の校長時代の写真があります。フロックコートに、流行の頭髪と、流行の靴で、いすに腰掛けて写っています。しかしその眼はどこかうつろです。まるでこんな格好をするために生まれてきたのじゃないと言っているかのようです。

いすに腰掛けた満之
西方寺蔵

満之はこの写真に写った頃、豪華な家に住み、フロックコートを着、山高帽をかぶり、革靴を履き、家政婦を雇い、舶来のたばこをふかし、人力車で往復するという上流スタイルの生活をしていました。そんな自分をどう見ていたのでしょう。

実験の開始

満之は校長を辞職しましたが、授業はそのまま受け持っています。しかし満之の風貌はまるで違いました。頭を青々と剃った修験者が学校の校門を通り、粗末な麻の衣体をつけて教壇に立ち、英語の授業を始めたので、周囲のみんなが目を丸くして驚きました。地元の新聞がニュースに取り上げるほどでした。

頭を剃って僧形姿の満之の表情は、落ち着いて見えます。背筋を伸ばして凛とした姿は、まるでこれが本来だといっているようでもあります。彼はこの行者生活を「ミニマムポシブル（最少可能）」の実験だといいました。

僧形の満之
『清沢満之全集』法蔵館巻頭写真より　西方寺蔵

満之の宗教的実験は徹底していました。義父である西方寺の住職清沢厳照に、次のような書き付けをしたためています。

「西方寺厳大人へ要求の一件。
旅行の節、止宿先へ使丁差し送り等の義は、乞食沙門に対し御斟酌ありたきこと。恵与物贈与の義も、乞食沙門へ対する気に願いたきこと。」

『清沢満之全集』法蔵館3巻－p．483

これは、自分を乞食沙門として扱ってほしい、乞食坊主のように無遠慮でいいから、付け届けの物品も一切無用という書き付けです。手紙で伝えたのか、口頭で伝えたのか定かでありませんが、西方寺の義父厳照はびっくりしたことでしょう。

養子の満之が、行者姿で勉強を始めたことは理解できるとして、真宗では「自力修行」はある意味ご法度です。そもそも真宗の開山親鸞は比叡山での修道を捨てて他力に転じ、「信」において立教開宗をした人です。こんなことが続けば寺の養子は「異安心《いあんじん》」と批判されないか不安になったことでしょう。

この義父は百戦錬磨の苦労人でした。この地方に起きた廃仏毀釈事件の矢面に立った経験をもっていましたから、コマイことだと容認したかもしれませんが、びっくりしたことは間違いありません。

しかしこの養子は強情でした。乞食行者の道を突き進んで、自分の健康を害して結核の診断が下るまでやめませんでした。

第六項　行者の実験とは

満之はこの行者実験を断行するに先だち、なぜ聖道門の行者修養を取り上げたのか、疑問が湧いてきます。

満之の性格と傾向からすれば、修養の方法は聖道門的生活でなくても、ミニマムポシブルを意味する修養方法はいくらでもあります。

たとえば、ギリシア哲学では、断食、水ごりや銅像を抱いたり、空中綱渡りなどの危険な荒行があり、またインドの古代バラモン教には、絶食して高所から飛び降りたり、茨の上に眠るなどがあり、またキリスト教においても身体を制し、限界まで食事を抑制したりする厳しい多くの戒律があります。目的に合致したものであれば、満之は躊躇なく用いる性格です。

行者生活を選択した理由は、日本古来の修法が、彼に合致していたからです。

行者は報恩行

どこが合致していたのか、この点に関して西村見暁は、満之が引用した『緇門《しもん》崇行録』の○印をつけた語句を指摘しています。

漢文「小欲知足　納衣一食　道を悟って父に報う　念仏して母を度す
寵もるを避けて、山に入る」「五灯会元巻二」

西村見暁著『清沢満之先生』法蔵館p．83

行者の修養は、「父母の恩に報いる孝行」である項目に○点が付されています。また「真宗名目図」という真宗俗諦門《ぞくたいもん》の解説にも、「孝養父母・無事師長・慈心不殺・修十善業」と、報恩を示す語に○点が付されています。明らかに「恩」ということが意識されています。父母の恩に報いるという点で満之の気持ちに合致していたのです。そう確認して行者修養を選択したといえるでしょう。

本願寺本堂落成と放漫経営

明治28年4月、巨大な木造建築、阿弥陀堂と大師堂（親鸞の廟堂）が落成し、消息発布から16年間にわたった東本願寺の本堂の主要部分が完成しました。満之、33歳です。

本山は、本堂再建とそのあと始末にごった返していました。一方で寺院会計はずさんを極め、僧侶たちは豪遊し、放漫経営によって赤字は増える一方でした。宗教の要である教学（僧侶の学問）などは全く顧みられません。全国の末寺門徒には再度、再々度に渡る多額の「冥加金《みょうがきん》（寄付金）」が課せられました。末寺門徒の不満は大きくなっていきました。

第七項　改革のきざし

この本山の行状に満之たちは憤慨し、檄文《げきぶん》を回し本山行政改革の声を上げました。

「当路者《とうろしゃ》（本山当局者）は、『ふたたび勧財することはない』といっていた舌の根が乾かないうちに、また360万円もの大勧財に着手した。ああ、大谷派本山当路者の耳には、門徒末寺が飢えに泣き、寒さに叫んでいる声が聞えないのだろうか。本山当路者の目には、門末が衣を縮め口を節して、なお死ぬこともできない惨状が見えないのか。古人はいう、苛政《かせい》は虎《とら》よりも猛《もう》なりと。人を救い、世を益すべき宗門において、虎狼よりもはなはだしい残虐な簒奪《さんだつ》を行っているのだ。ああ、これを何と表現すべきなのか」『檄文』意訳

『清沢満之全集』法蔵館5巻－p．367

檄文には、大谷派本山（東本願寺）は本堂再建以来、次々と寄付を要求し、門徒や末寺は飢えと寒さに泣き叫んでいる。虎や狼以上に残虐なことをしてはならないと強く批判しています。この檄文に全国の門徒と末寺寺院は賛同の声を上げました。

白川で改革ののろし

満之は稲葉昌丸たちと共に、学事振興のため「教学」にかぎって資金募集の建議を本山に上程しました。早く言えば、本山会計とは別立ての「教学の独立」を画策したのです。しかしけんもほろろに一蹴されます。そこで満之は稲葉たち同志とともに京都東山白川に拠点を構えて、全国に檄文を発し、『教界時言』という雑誌を発行しました。これが東本願寺改革運動の発端となりました。

明治30年2月には、大谷派革新全国同盟会が組織されました。東山の知恩院で大会が開催され、教団改革の機運は最高潮を迎えます。東本願寺の根幹を揺るがすほどの大きな節目にさしかかったのでした。

以上が満之の幼少期から、本山改革運動にいたるまでの特徴的な出来事です。徳川封建社会から、合理性を優先する明治社会の潮勢とともに、彼の頭脳的性格がしだいに実践に傾こうとしていった軌跡を見ることができます。

第一章　清沢満之の前半生　了

第二章　宗教原理論

第一章では清沢満之の幼少から青年期までを見てきました。実証的精神の強い満之が、宗教世界へ転じたことは、必然的に宗教の実験に向かいあうこととなります。「実験ほど自他ともに納得させやすいものはない」と宗教に向き合い、愚夫愚婦の宗教としてブラックボックス化していた宗教信仰の蔽いを、哲学という道理の学で取り外そうとしたのは当然でした。

この二章では、清沢満之が宗教の哲学原理に向き合い、宗教的実験を重ねて、宗教の不明瞭な部分を除去しつつ、信念の確立にいたった過程を見ています。

第一節　宗教の精要

はじめに清沢満之が『宗教哲学骸骨』という「宗教原理論」を書いた時代の背景を見ていきましょう。

明治維新という時代は、日本が欧米列強に肩を並べようと、富国強兵・殖産興業に力を入れた驚天動地激動の時代でした。また民衆も自由民権運動など言論の力を自覚する啓蒙の時代でもあります。

日本の歴史で、明治維新と同じく啓蒙の時代を取り上げるとすれば、古墳時代から中央集権国家に変貌していった「大化の改新」があります。中国や三韓などの周辺国が活発に活動して日本にも影響を及ぼし始めたころ、先進文化の威力に驚愕した朝廷は、政治体制・鉄器や仏教などを学ぼうと朝貢貿易を余儀なくされます。聖徳太子が仏教を立て、和の精神を広めて啓蒙に向きあったことはその象徴でした。国のしくみを中央集権化しなければ列強に抗しきれないことは明白です。この危機感は、白村江《はくすきのえ》の戦いの惨敗で、最高潮に達します。大化の改新前後は、国を挙げて富国強兵・政治改革・殖産事業へ走り出した時代でした。その当時と明治時代は遠く離れているようですが、列強に対抗して、国家レベルで啓蒙していった時代という点では、明治と飛鳥はウリ二つなのです。ものごとの本質を問い、何が必要かを考える弱者の本能のようなものが、飛鳥と明治という二つの時代の精神風土にあります。この二つの時代が、日本人特有の合理と調和を重んじる混合的精神を作り上げてきたように思われます。

明治時代もまた、本質を合理的につかみ、全体を俯瞰しようと懸命な時代だったことを、満之は敏感に感じ取ったと思います。

第一項　俯瞰する

哲学という学問は、本能的に疑問から出発します。疑わしいものは排除保留にして、奇跡や迷信などの妄想を取り払い、原理そのものを見出そうと、全体を俯瞰しようとします。それを満之は「精要」といいました。

「仏教を学ばん者は区々たる法相に執着し、もしくは些細なる軌式に拘泥せず、ただちに仏教の精要いずれの処に存するやと探求せんことを務むべし。人一たびその精要を獲得するときは、教相林のごとく繁く、法門海のごとく広きも、行くとして通ぜざるはなし」

『清沢満之全集』法蔵館4巻－p．348

と、直ちに精要を探求せよとのべます。西村見暁はそれを方法論とみました。

「清沢先生の仏教研究の方法は、法相や軌式にかかわらずに、ただちに仏教の精要がどこにあるかを把握し、こうして得た仏教の精要を、次に心に観じ身に体しておこたらなかったならば道はおのずから成ぜられる。すなわち、その第一が精要の把握であり、第二がその実験であった。」

西村見暁著『清沢満之先生』法蔵館p．197

と、評価し、満之は宗教に付加される祈祷・呪術・奇跡・迷信などの不確実要素を、真っ先に取り除こうとしました。また儀礼や礼拝や規則の暗誦などの迂回した手順も回避されます。まるで棒付きのアイスをシャワーで溶かし、その芯棒を見つけ出すように、宗教の要点をとり出す作業が精要の把握だったと言えるでしょう。

「小児でも信ぜぬような宗教を払い除き、真理のなきことを装い隠して、人々の情を引くような弊風を改め、真理をまるだしにしてゆかねばならぬ。真理さえまるだしにして見れば、その真理の鏡に向うときは、これは善か悪かということは判然します。」

『清沢満之全集』法蔵館2巻－p.715

と、宗教を「まるだし」にしようとしています。明治という新時代は、軍事や経済に限らず、宗教までもリセットされました。あらゆるものが新たな眼で見直され、懐疑的に見ることが流行のような時代だったのです。

たとえば、仏教では「釈尊の原点に帰れ」と叫ばれ、大乗非仏説（大乗経典は釈迦の教えではない）が出され、真宗では親鸞不在説まで出ました。このように何でもかんでも実証しなければおさまらない時代でしたが、しかしそれはまた新しい息吹と活力を生み出す源泉となっていく奇妙珍妙な時代でもあったのです。

第二項　シカゴ万博での公開

この『宗教哲学骸骨』が出版された翌年、米国シカゴで万国博覧会が行われました。同時に「万国宗教大会」も開催されましたので、野口善四郎が渡米し『宗教哲学骸骨』を英訳して発表しました。満之は善四郎の英訳に不満でしたが、当地からの報告では、『骸骨』は大評判にて、シカゴ市学者間の流行書のごとく、みなみな閲読いたしくれそうろう」と、すこぶる好評だったと返信されています。

日本からシカゴの宗教大会に出席した仏教宗派は、臨済宗、天台宗、真言宗、浄土真宗本願寺派、真宗大谷派でした。なお『宗教哲学骸骨』のシカゴ出展の経緯については、樋口章信著の「アメリカに渡った清沢満之の精神」（大谷大学報）に詳しく述べられています。

国内ではどう読まれていたのでしょう。友人の稲葉昌丸によれば、この単行本は四六判印刷で、お粗末千万、紙は悪く印刷は下手、しかも出版が東京でなく、京都だったこともあって、広くみんなに読まれなかったと述べています。

第二節　宗教の原理論

第一項　諸宗教の原理

『宗教哲学骸骨』は宗教の原理を考察した研究書ですが、「諸宗教」と表明されているように、世界すべての宗教に共通した原理という特徴をもっています。同時期の満之の論文『宗教哲学端緒』には、

「宗教哲学は宗教の原理を考究する学問である。ここに宗教と言うのは、ある一個の宗教を指しているのでなく、諸多の宗教を総称するものである。ゆえに宗教哲学は仏教、あるいは基督《キリスト》教、あるいは回々《イスラム》教等の各宗教について、その原理を論究するものにあらず。およそ宗教と称せられるすべての宗教すべてに貫通する原理を論究するものである。」

『清沢満之全集』法蔵館3巻－p．341

と、すべての宗教に貫通する原理の研究だと強調されています。このことは後に国・

民族・主義主張・思想を超えて信念が確立されると説く、驚くべき布教形態に発展していきました。

満之が研鑽した哲学知識は、世界でも第一級にあげられるほど膨大で精緻なものでした。明治21年から3年間の講義『西洋哲学史講義』には、古代哲学からギリシア・ローマ哲学、近世のカント・ヘーゲル・スペンサーにいたるまで何十人もの哲学の趣旨と講評が添えられています。その中で特に宗教に関する見解を次のようにピックアップしています。

「ネッブス　宗教は一国の詔定する、見る可からざる諸力を恐怖するものなり。

ベック　各人その心内の判官たる良心を標して、外在の神体なりとし、その号命に従順する、これ宗教なり。

カント　宗教は道徳なり。

フィヒテ　宗教は知識なり。

ヘーゲル　宗教は絶対真理の開発中において、再現的知覚に対する形状なり。

シュライエルマッヘル　宗教は無限者に対する帰敬の感情なり。

スペンセル　宗教は宇宙万有に関する先天的考説なり。
ルヴィール　人心が、万物並びに自己を統制する不可思議の一心を認定し、自らこれと結合せりと感ずるをもって悦楽とする。この結合の感情よりして、一生の行為を決定する、これすなわち宗教なり。
タイロル　宗教は霊性的存在の信仰なり。
マクス・ミュールレル　宗教は感覚及び道理を離れて、無限を知覚せしむ性能なり。」

『清沢満之全集』法蔵館2巻－p．101

宗教が社会や人間に及ぼす影響をみています。国を治めるための宗教的恐怖心、宗教は良心や道徳的知識とするもの、神に対する畏敬の感情としたもの、霊性的存在への信仰とするものなど、公平中立な立場で宗教を判断しようとしたことがわかります。

第二項　宗教と学問

宗教の信仰に、学問は必要ないという人もいます。しかし宗教がいつまでも茫洋漠然とした状態のままなのは、宗教の原理が明白でないからです。江戸時代の感覚そのままに「愚夫愚婦」の宗教だというレッテルに甘んじてきた宗教観を見直そうとしました。そのためには哲学などの学問にそって、宗教の道理が示されるべきだと考えています。

満之は『宗教哲学骸骨』の前身「宗教哲学」の講義を、明治24年9月から高倉大学寮で行っています。講義の前にはいつも稲葉昌丸に講義の概要を聞いてもらっていました。

出版の経緯

『宗教哲学骸骨』の出版は、満之が意図したものではありません。この書の序文に、稲葉昌丸が何度も満之に懇請して、出版にこぎつけたと述べられています。稲葉は東京大学では動物学の専攻であって、「形而上学」には疎かったのですが、満之の説明で宗教がどんなものか理解できたとのべています。満之は「まだ完全ではない」としながら了承し、講義に手を加えて出版したものが『宗教哲学骸骨』でした。この経緯から、日本最初の宗教原理論である『宗教哲学骸骨』は、稲葉と満之の二人で世に出されたものといえるでしょう。

稲葉昌丸

余談ですが、満之の宗教的飛躍の時にはいつも友人の稲葉昌丸が存在しています。満之が校長を辞任して行者生活を始めた時には、稲葉が代わって校長になりました。また満之が結核にかかって療養生活を始める時、親身の世話をしたのは稲葉たちでした。また満之が『エピクテタス語録』に出会ったよろこびをまっ先に知らせたのも稲葉へでした。このように満之の宗教的飛躍の前後には、稲葉が不思議と関わっています。

第三項　六つの宗教原理

『宗教哲学骸骨』の冒頭で、「宗教哲学とは、道理心をもって、諸宗教の原理を研究する学」と道理によったものであると述べ、道理の上から宗教原理を6段に分け、実践を二種に分類して、宗教に必要不可欠な要素を提示しました。

第一原理　宗教心

『講義』では最初に、なぜ宗教が世界に存在するのかを、三つの疑問から説き起こしています。

一、宗教は神が与えたもの。
二、宗教は野蛮人が妄想して、今日まで伝わったもの。
三、宗教は僧侶が案出して人を欺くためのもの。

一について、もし宗教を神が人間に与えたとするなら、形態はみな同じはずです。しかし比較宗教学からしても、時代と国家が違えば宗教の形はみな異なっています。神を信じない宗教もあるほどですから、この説はとても信じられないとしています。

二について、もし野蛮人未開人の妄想から宗教が起こったのなら、文化が発展進化すれば妄想などは消滅してしまうはずです。今日なお宗教が盛んなのをみれば、古代の釈迦やキリストや孔子などが優れた思想家だからです。野蛮人の妄想から宗教が起こったとは考えられないとしています。

三について、僧侶が人を欺くために宗教を創作したと酷評する人もいます。しかし人を欺くために宗教を作ったとするなら、欺く前にその人に高等な思想がなくてはなりません。だから人を欺くためだけなら、もっと簡単な方法がいくつもあるはずです。したがって人を欺くために宗教を作ったとする説は取り上げられないとしています。

結論として、宗教が世界のどこにも存在するのは、宗教を提起する「宗教心」が人間にあるからだとしています。満之の宗教原理論はここを基点として出発しています。

第二原理　有限無限

宗教は、「有限」と「無限」との関係だと、哲学用語で示しています。「有限」とは、私たちの身の回りから宇宙すべての事々物々を指し、「無限」とは、その有限全体を包みこむ根本法則をいいます。「無限」は目に見えない法則ですから、その存在の証明に、哲学的ステップを介在させています。

例えば「上」が認められれば、反対の「下」が道理上必然的に認められます。同様に「有限」が認められれば、反対の「無限」が道理上認められます。この法則を「相反の理」あるいは「甲、非甲の理」といいます。このようにして「無限」の存在は、なくてはならない原理として確定されています。

有機組織

無限は、有限のすべてを包んで「独立・絶対・全体・唯一」という性質があり、有限は、「依立、相対、部分、多数」という性質があります。その無限と有限は、別々、無関係に存在しているのではなく、有機組織（具体的なつながり）としての関係がありま す。それを人間の身体にたとえれば、手と全身との関係のようなものだと例示していま す。もし手を切断すれば全身に影響し、手の活動も失なわれてしまうという深い関係が あります。このつながりを仏教では「縁」というと述べています。

主伴互具《しゅはんごぐ》

この有機組織の関係は、「主伴互具」という具体的な関係となります。たとえば一つのある有限が「主公」（主体）となるとき、その他の有限はすべて「伴属」（支え）となります。また違う有限が「主公」となれば、すべて全く違った関係になり、責任や義務のあり方も変わります。それを家族構成でたとえると、

「甲は親であり、乙、丙、丁は子である。また戊は丙の子であるとする。

甲が主公であるときは、乙丙丁はその子であり、戊はその孫である。

乙が主公であるときは、甲はその父、丙丁はその弟、戊はその甥である。

丙が主公であるときは、・・丁が主公であるときは、・・戊が主公であるときは、・・・」

『清沢満之全集』法蔵館2巻－p．9

と、家族の中でだれが主公になるかで、呼び名も義務責任も大きく変化します。「主伴互具」の関係を了解すれば、次のように仏教的慈愛に発展すると示しています。

「ある一物よりしてこれをいえば、その他の万物は、みなこの一物に属するものたるなり。釈迦牟尼仏はこの事を説き示して、『三界はみなこれ我が有なり』といい、またことにその生物に対する慈悲心よりして、『その中の衆生はことごとくこれわが子なり』といえり。」

『清沢満之全集』法蔵館6巻－p．6

と、仏教の世界観を示し、主公は伴属に対して我が子を慈しむような慈悲の心が生じるとしています。

それぞれが主公になり得るわけですから、人の数（有限の数）ほど無限が存在することになるとも言及し、多神論・一神論・汎神論の出現する根拠であるとしています。

自力《じりき》・他力《たりき》

もう一つ重要な概念が「自力・他力」です。宗教実践する立場から考察された概念です。「自力」は、有限の内部に無限が存在すると考えて、内なる無限を開発して、無限界へ到達しようと修養することです。

「他力」は、有限の外部に無限が存在すると考えて（人間の内部に無限が存在するとは考えられませんから）、外部の無限に摂取されて救われようとすることを、他力といいます。世界すべての宗教はこの二つのどちらかの概念におさまります。

第三原理　霊魂論

有限の数は幾千万億と限りなく存在しますが、そのおのおのに霊魂があります。有限の霊魂が開発されて、ついに無限に到達しようとすることが霊魂論の要旨です。

霊魂説の三種

霊魂とは何かという説は、古くから三つの説があると示しています。

①霊魂有形説（迷信の説）
②霊魂無形説（唯物論者の説）
③霊魂自覚説

この中で①と②は欠陥があるので取り上げられないとし、③の霊魂自覚説が正しいとしています。③の説明で、「前の念《おも》い」と「後の念《おも》い」がバラバラにならず、同一の自覚として存続していくのは、霊魂があるからだとしています。

人間の細胞は不断に新陳代謝をくりかえしていて、新しい身体に変わります。しかし新しい身体に変わっても、過去に経験した記憶が残っていくのは、霊魂が存在していて、相続させるからだと位置づけます。英文の『宗教哲学骸骨』では、霊魂を「Soul」と訳していますから、霊魂とは「精神」のことだとわかります。満之が後に「精神主義」を唱えたのは、この「精神」に沿ったものです。

第四原理　転化論

これは宗教的実験にとって最も重要な原理とされています。6つの原理の中で最も長い説明がされています。

転化とは変化して違ったものとなるということです。霊魂という自覚の一体に転化の法則がなければ、悟りを得るということもありません。

進化と退化

有限は、互いに影響しあい変化しています。その変化の中で、有限から無限に向かう変化を「進化」とし、逆に、無限から有限の方に向かう変化を「退化」としています。進化をたとえれば、珠玉が原石の時は全く輝きませんが、磨いてゆけば燦爛たる光輝を放つようになります。このように無限の理想界に進化到達すれば、本来の性能が発揮されて光り輝き、その徳風になびき慕われることとしています。

ここで満之は、不思議な図を作って、転化の説明をしています。不思議なというのは、転化は一体貫通を基本としますが、生物転化（親子の遺伝）は傍系の転化としている点です。対して霊魂開発は降ってわいたように唐突に論じられています。転化（進化）を

正系と傍系に並べて、霊魂開発を主軸に置こうとした点に、強引さが感じられます。

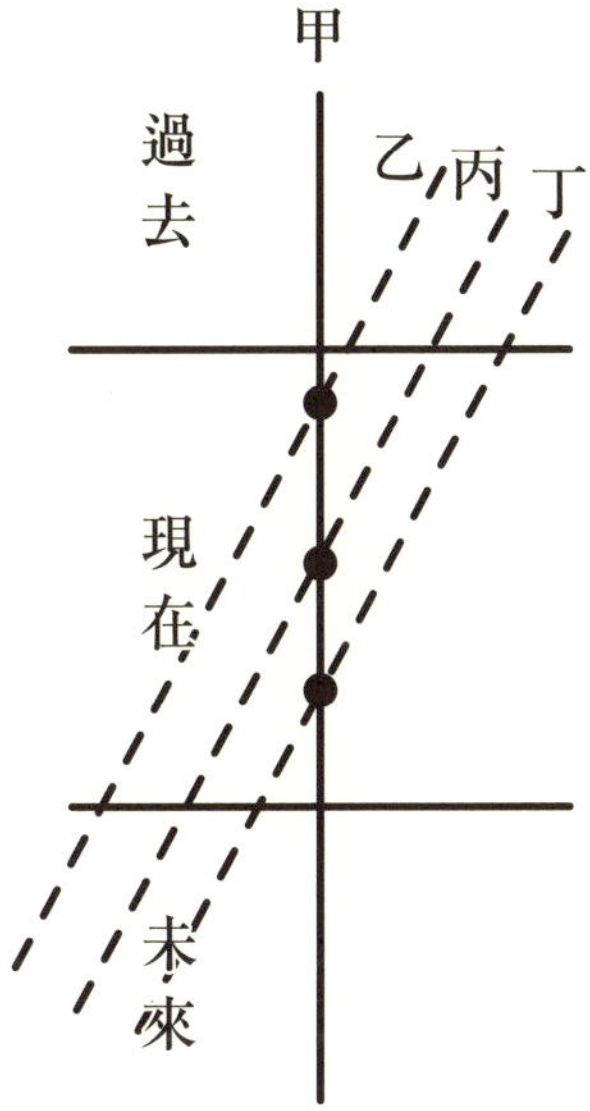

『清沢満之全集』
法蔵館２巻 – p.21

正系・・霊魂開発
傍系・・親子遺伝

無限への接近を進化とする点は満

之の主張通りだとしても、霊魂開発と親子遺伝には接点がありません。いわば浮き上がって交差している立体図のようです。この「三次元の図」は、信に関わる進化を示したからだと思われます。
因果と、ヘーゲルの正反合の弁証法を比較して、その正否をのべていますが、難しくてよくわかりません。ここでは、実験可能の理由付けだったとみて、割愛しました。

第五原理　善悪論

人間には、善と悪とを区別しようとする生まれながらの性質があります。小児《こども》でさえ、善い悪いを遠慮なく口にします。この生まれながらに持つ善悪の判断は、何が基準とされているものでしょうか。古くから4種類にわけられた事例を紹介して、判定しています。

1、幸福を標準とする功利主義の善悪。

幸福を感じるのは、自分か他人か、暫時《ちょっと》か永久か、肉体にか心にかですが、それぞれまちまちであってとても標準にすることはできません。その中で「最大多数の最大幸福」はいかにも標準のようにみえますが、実際には見極めがたく、結局は、各自の快楽・苦痛で判断しています。したがって「幸福の有無」によって善悪の標準を見つけることはできないのです。

2、良心を標準とする善悪。

良心は、国や時代や場所や時間によって善悪の標準が異なります。個人の実用には適しますが、普遍的な善悪の標準とすることはできません。良心で標準をきめようとすれば、全知全能の神仏のほかには誰もできるはずがありません。したがって人間の「良心」を善悪の標準とすることはできません。

3、神意を標準とする善悪。

神意を標準とすることは、その宗教の信者にとっては当然のことです。しかし信者でない人には適しません。また神意というけれども、その実体は「経文」による以外ありませんから、あの経文この経文に、違う善悪が説かれている場合は一体どうなるのでしょうか。神意を押し通そうとすれば、人間が経文を比較することになります。とすれば道理で取捨選択することになりますから、経文よりも道理を重視していることになります。だからこの説は始めから、道理で善悪を判断する方が勝れていることになります。

4、道理を標準とする善悪。

そもそも宇宙には一つとして道理に違背したものはありません。（これは満之の一貫した持論です）だから「道理」で善悪を判定しようとするのは、善悪説の中で最も不稽（でたらめ）なものということになります。

そのほか国法、君命、習慣、世論などによって善悪の標準にする方法もありますが、これらは前述の四つの説に収まりますから、すべて不完全な基準だと退けています。

宗教の善悪

それでは一体何が善悪の標準となるのでしょうか。宇宙の転化変化を大きく見れば、有限から無限に向かう変化と、無限から有限に向かう変化の二種類の変化があるのみですから、無限に向かうものが善であり、有限に向かうものが悪という明確な標準に行き着きます。したがって善悪の標準を定めようとすれば、宗教によらなければならないと結論づけています。

以上のように、宗教がもつべき必要不可欠な原理を見てきました。宗教心・有限無限・霊魂・転化・善悪の各項目は宗教に関わる場合の必要不可欠な原理であるとともに、無限の方向に歩むべきことを明示した満之の人間論であるとも言えるでしょう。

次に宗教の実践方法が説かれます。

第六原理　安心修徳《あんじんしゅうとく》

安心修徳とは、人間が宗教の目的を完遂させる二つの実践です。前の五つの原理を説いたのは、この安心修徳のためだと満之は『宗教哲学骸骨講義』でのべています。

「本章（安心修徳章）は宗教哲学中最も重要の点にして、以上の諸章はみなその準備なり。」

『清沢満之全集』法蔵館2巻－p．169

と、宗教原理を述べた理由が、ひとえに宗教実践を問い、完遂の可能性を問うことにあったことが明白にされています。

安心《あんじん》

安心とは、有限が無限の境界へ到達できることを確信して安らぐことをいいます。その安心には、自力門と他力門という二種の区別があります。

1、自力門の安心は、人の内心に無限が存在することを認めて、その進化開発が疑いないと安らぐことをいいます。

2、他力門の安心は、人間の内部能力が極めて微劣である事を知り、外部に無限の存在を確信して、その救済が疑いないと安心することをいいます。

修徳《しゅうとく》

安心が了解されれば、自力門、他力門のどちらかによって、無限の妙境界に到達しようと実践します。それを自力門では成道《じょうどう》と呼び、他力門では往生《おうじょう》と呼びます。自力門の成道と、他力門の往生の違いは、妙境界（さとりの世界）を時間的に無限の未来に認める自力行と、はるか遠方に認める他力行の違いがあります。しかし「未来」も「遠方」も、未だ覚醒していないことの表現ですから、遠く隔たっている点においては、自力門も他力門も同一です。

その中で自力の修徳は、他力の修徳より道理として納得しやすい一面をもっています。

「自力門にては、因性無限を吾人の心中に認めるゆえに、無限が有する自由の力は、自分も具すると思うがゆえに、励み進みて修行するにいたるなり。」

『清沢満之全集』法藏館2巻 - p．172

無限が自分の中にあると思えば、励んで修行する気持ちが起こります。宗教的実践の

跳躍台としてはうってつけだと言えます。満之はこの判断から、自力の方を選んだと思います。宗教の目的は何かといえば、

「人心の至奥より出づる至盛の要求のために宗教あるなり。宗教を求むべし、宗教は求むる所なし。・・修養は自覚自得を本とす。他人のこれを代覚代得すべきにあらず。栄養もまたしかり。」

『清沢満之全集』法蔵館7巻 - p．110

と、人心の熾烈な要求に応えるための宗教ですから、棚からボタ餅を待つように他人が代わって覚ってくれるものではないと強く指摘しています。またこの至盛の要求に応えることが「人類の大義」だと、満之の結婚時に親しい親戚に語っています。

このように宗教はほぼ自力から出発しますが、他力とは箱の函蓋《かんがい》のように深くかかわりあっていると述べています。3年後の保養雑記では、禅宗と真宗を比較して、ともに同じく他力に至ると検証しています。つまり函蓋の関係とは、人間の歩みに自力期と他力期があることを示したものだと思われます。

このように有限無限の原理を基盤として、自力他力という二種の実践方法が示されました。自力の実験は、ミニマムポシブルという否定的方法から出発しています。それは完全否定の法ではなく、否定して行ったさきに残るものを認める「残余の法」ではなかったかと思われます。満之の考えでは、真理の明月が、何重もの雲（煩悩）に遮られているので、月を見るためには、煩悩の雲を取り除く必要があると、否定する残余の方向に向かっています。

「相対有限に対する破析（否定）が正に吾人の能事たるなり。しかしてその破析の間においてたまたま真月の光明に接触するは幸いのことたるなり。ゆえに破析の業は、必ずしも完到するを要とせず。ただ完到せば、必ず常照の真月に接するを得べきのみ。」

『清沢満之全集』法蔵館7巻－p.77

残余の法に従えば、浄土真宗の「正信念仏偈」で「たとえば日光の雲霧に覆わるとも、雲霧の下はあかるくして闇なきがごとし」と示しているように、煩悩が完全に除去されなくても、闇は破られることを意味しています。

以上、自力修道を決心して出発するまでの宗教原理と実験方法を見てきました。けれども彼自身、『宗教哲学骸骨』の出版をよしとしていたのではありません。後には大きく後悔して、「人の目に余り触れなくて幸いだった」と述べています。それは『宗教哲学骸骨』に誤謬があったからではありません。「自力」一辺倒で、「他力」世界を知るよしもなかったという反省からでした。

第三節　自力の実践

第一項　最初の実験

この『宗教哲学骸骨』が出版された明治25年には、満之はすでに自力の修道を始めていました。自力修道は満之の既定の路線だったのです。

時間は少しさかのぼりますが、満之の大学院生時代、すでに自力的実践を試みています。これは西村見暁の発見ですが、ロッツエ哲学ノートに挟まれた三葉の紙片を発見しました。縦、横、斜めに乱れ書きされた多くの言葉があったといいます。その中の一部を紹介します。

「心の底の琴線に触れ　今迄かつて覚えない感じ　これまでになき新しい力　大なる事物の中に生きる　神性を有す　全能　我等に大有り　自己発見の機縁　今晩より自己という神秘境に這入って行く　一事によりて神性と自己性を体験する　勃然として起って来た新しい力　未見の大あり　未見力は大なり」

『清沢満之先生』西村見暁著－p．76

「今晩より自己という神秘境に」入ろうと実験したことが書き記されています。西村は、満之が「無限なるものの実在を体感」しようとしたと解説していますが、この実験結果がどうだったかは述べられていません。

宇宙全体の進化

デカルトやスピノザの哲学に立てば、宇宙万有のすべては、無限に向かって進化し続けている存在です。もし宇宙万物が無限へ向かっているとしたなら、現在この世界はどんな進化過程にあるのでしょうか。

「瓦石は熟睡している心霊であり、

草木は半睡の心霊であり、
人間は半覚の心霊であり、
神仏は大覚した心霊である」

『清沢満之全集』法蔵館4巻－p．418

と、考察されています。瓦や石など土石の心霊は「熟睡」（眠りこけている）している存在であり、草木など植物の心霊は「半睡」（半分眠っている）している存在であり、人間の心霊は「半覚」（半分目覚めている）の存在であり、神仏の心霊は「大覚」（悟っている）の存在だと述べています。もし全宇宙が「大覚」へ向けた途上ならば、人間である今こそ「大覚」のチャンスだと意気込んだ様子が想像されて、興味深いですね。

第二項　ミニマムポシブル

自力の宗教的実験は、最初はまったくの手探りだったことでしょう。ですからまず「素のままの精神状態」になることから始められました。身辺の不要なもの、余分なものをすべてそぎ落とそうとしました。この実験を、彼は『ミニマムポシブル（最少の可能）』

と名付けています。つまり否定的方法です。生きる最低限度の状態になって初めて、修養が最大限に発揮されると考えました。

彼が重視した『阿含経』には、次のようにのべられています。

「身体の血が涸れたならば、胆汁も痰も涸れるであろう。肉がなくなると、心はますます澄んでくる。わが念いと知慧と禅定とはますます安立するに至る。」

『世界古典文学全集6』筑摩書房「仏典Ⅰ」16ページ

血は涸れ、肉もやせ細る状態になればなるほど、人間の精神は澄みわたると述べられています。「ミニマムポシブル」と称する自力の道を選んだのは、この現実的感覚からだったと思われます。「飢えざれば食の味を知るべからず。渇かざれば飲の味を知るべからず。飢えよ、渇けよ、そうして飲食の甘味を知得せよ。」と、「有限無限録」で述べられるように、飢えれば飢えるほど、粗末な飲食にも無量の甘味が知れるようになります。

この点からしてみてもミニマムポシブルの実験は、否定だけの実験でなく、ポシブルは可能性なのですから、生命を最大に輝かせる否定だったと受けとるべきでしょう。

行者の観察

満之は綿密な計画と見通しを立てて、行者生活を始めています。

「大別すれば、つぎの基想を発見することを得。第一、行者の品質　第二、行者の動機の性質　第三、行為の性質　第四、行為の結果」

『清沢満之全集』法蔵館1巻－p．395

これはスペンサーの「倫理基本」をもとに、行者修養には善や幸福の必然性があることを見通した考察です。行者生活はむやみに行ったのでなく、用心深く出発しているのです。

第三項　仏教界の腐敗

この節では、自力の実験に突き進んだもう一つの理由が、教団全体の腐敗にあった事情も見ておきましょう。

明治期の宗教

満之が京都行きを決断して、本願寺の教育実務に関わると、その腐敗ぶりに驚いています。満之は次のように決心しました。「真宗の僧風は次第に衰微していく一方である。自分は早晩、中学校長をやめて、黒衣墨袈裟の僧服姿で各地を行脚し、宗風の拡張をはかろうと思う」。

教団の腐敗は東本願寺だけの問題ではありませんでした。日本の仏教界全般が、江戸時代の御用宗教（寺請制度）に甘んじて、眠りこけていたのです。この点に関して次のように語っています。

「仏教が堕落した最大の原因は、教養研究の一偏にかたむいて、実行を忘れたことにある。これが三百年一人の空海・最澄を出すことのできなかった」最大の理由だと痛烈に批判しています。

江戸期には、儒教において藤原惺窩、林羅山、伊藤仁斎、荻生徂徠などが大いに派を立て賑わいましたし、神道においても山崎闇斎、平田篤胤等が詩歌文章を主として訓点学を異常に発展させていましたが、それらは文化芸術に偏ったものです。仏教はこの風潮に引きずられてばかりいたのです。

「（仏教各派は）筆舌上の学に力を注ぎ、弁難を戦わし、諸宗諸派の間に論議に勉めたり。しかして、その結果、教義の研究においてすこぶる精密をいたしたり。しかれどもその研究はおおむね煩瑣的な詮索にとどまり、その創見として見るべきものは、はなはだまれなり。」

『清沢満之全集』法蔵館4巻‐p．344

と、仏教は、論戦ばかりに明け暮れていました。明治に入って、福田行誡（浄土宗）や内村鑑三（キリスト教）や井上円了の科学的仏教（幽霊妖怪の否定）など、宗教の刷新が目指されてはいましたが、満之の言う「宗教の実行」というきびしい精神からは一線を画したものだったのです。

第四項　華麗から一転

明治21年7月、京都府立尋常中学校の校長として赴任した時の俸給は「月俸100円」という驚くほどの高給でした。京都府知事（元は藩主）より高給だったといいます。維新当初の1円は、小判一枚と言われていますから、今の10万円くらいです。その後、政府の方針がめまぐるしく変わり、兌換《だかん》紙幣、不換《ふかん》紙幣の発行などの混乱を経て、価値は半分以下に下落していました。それにしても月俸100円はすごい金額でした。ちなみに明治23年の巡査の月給は8円だったといいます。

高給取りの通例として、京都上京区丸太町の広壮な邸宅に住み、使用人を雇い、西洋煙草をくゆらし、出勤スタイルは山高帽とモーニングコートをまとい、人力車で学校へ通っています。満之は京都の学者三傑として新聞に取り上げられました。しかしその満之の生活は、二年にして激変してしまいます。

「明治23年、師は校長の職を辞せり。それ以後の挙動の変化は実に驚くべきものにして、在来の洋服高帽はたちまちにして麻の衣に変じ、夫人の衣服にいたるまで、すべて絹布を禁じ、毎朝未明に東本山に詣でぬ。下駄は一本歯の物を用い、寒風肌を裂く朝も一日の欠くることなく、その他、人力車を禁じ、喫煙を禁じ、麦飯を用い、一食必ず一菜に限れり。すこぶる行者的生活に趣味を感じたるもののごとし。」

『清沢満之全集』法蔵館3巻 - p.693

この激変は一章で述べてきたとおりですが、満之の決心が形に表れた変貌でした。

第五項　行者の観察

一乗寺さがり松の行者

満之は京都近郊の行者たちを注意深く観察しています。

京都の洛北、一乗寺さがり松、詩仙堂の裏山に狸谷不動尊があります。その不動尊の洞窟に一人の行者が住んでいました。この行者は鉦（カネ）をたたいて念仏し、食物は不動尊のお下がりや山菜をとったり、村へ出ては釜の洗い落しの米粒などを集め、松ヤニやそば粉を食べるという簡素な暮らしをしていました。五十川賢蔵（満之の親戚）は満之の命で、この行者を何度も訪問しています。

「行者は称名念仏《しょうみょうねんぶつ》せり。されど呼べども答えず、問へども言わず。ただ挙手動作にて、来入すべく歓迎の意を表するのみなり。洞窟内は約三間、正面に不動尊像を刻し、前面造りつけの花立て二基には仏花を供し、わらの円坐を敷き、端坐して念仏三昧《さんまい》なり。行者は年輩六十あまり、長髪ぼうぼう、浄土宗の僧服を着し、住所・姓は小首を左右に振り、微笑するばかりにて、ただ指頭にて黒谷《くろだに》上人に参じて出家得度せしことを知れり。食料はソバの粉二、三升、大根、カブラ、人参十数本ありて、土瓶一個、食器二三あるを見る。私は窟内に行者とともに念仏し、日ぐれ京に帰りて、その始末を先生（満之）に報告するに、先生は黙然として聞くのみ。」

『清沢満之全集』法蔵館3巻－p．697

五十川が学校に帰って顛末を報告すると、満之はただ黙って聞いているだけでした。人界を離れ、黙々と乞食行《こつじきぎょう》をしている行者に、何を感じ取ったのでしょうか。

大宮の行者

京都市中の大宮にも行者がいました。この行者は明るく陽気な性格だったといいます。満之は、地蔵堂に住むこの行者に興味を持ち、自宅に招いて話を聞いています。この行者が簡素な食事の話をするのを聞いて感嘆し、「このようにすれば手間ひまかからず便利である」と妻への手紙に書いています。

ミニマムポシブルの実験は、一日一日が死活に関わります。精神的に押しつぶされてしまえば、真理を探究するどころの話ではありません。満之は、古代ギリシア時代に、樽を住居とした哲人ディオゲネスの伝承を思いあわせ、洞窟や小屋に住んで真理の探究ができるかどうか見極めようとしていたのではないでしょうか。

第六項　行脚《あんぎゃ》の実験

満之は行者生活を始めて、持ち物にもいろいろな工夫をこらしています。行者の必携品である頭陀袋《ずだ》に網代笠《あじろ》はもちろん、旅装品や携帯品などを改良して、衣類にはマタヒキ（半ズボンの下着）が便利だとか、夜具にはみの虫のような吊り毛布（ハンモック）がよいとか、夏場にはカヤ（蚊除けの夜具）が必要などと、いろいろ試しています。

とり目（夜盲症）になる

明治26年夏、伊勢の二見浦で開催される関西仏教青年会の講演依頼を受けて、従者2人をつれ、京都から伊勢までの行脚《あんぎゃ》旅行（無銭で徒歩）を試みました。白衣に麻衣、白の脚絆、網代《あじろ》笠に頭陀《ずだ》袋という純然たる行者姿でした。

徒歩の6日間は、連日猛暑だったといいます。炎天下の直射日光に疲労困憊して宿屋に到着しましたが、旅館の女中が乞食坊主と間違えて、宿の中に入れようとしません。先着していた友人が、玄関で押し問答する騒ぎを聞きつけ、驚いて事情を説明して、ようやく旅館に入れてもらったそうです。

ところが、ギラギラと強い海辺の直射日光と栄養不良で、満之と侍者はとり目になっていました。旅館の部屋で暗がりの物が見えず、膳をけったり、行燈をたおしたり、縁側からころがり落ちたりたいへんだったと侍者が述べています。幸い、途中で満之の親戚に立ち寄って、ヤツメウナギを食べさせてもらい、ようやくとり目が治ったそうです。ウナギは無上においしかったと従者が述べています。結局、目的の二見浦には一日遅れて到着しました。

満之はこの行脚は、宗教的実験だったと語っています。

「小生も当時妙な事を実験中にこれありそうろう。確たる成績を得そうろう上は、早速お報らせつかまつるべくそうろう。世界に実験ほど面白きことはこれなきかなと存じそうろう。ゆえに何事も実験と思うてすれば不平も非難も少なかるべきか。」

『清沢満之全集』岩波書店9巻 - p．84

実験は面白い、何事も実験だと思えば、不平もなく、非難も起こらないといっています。実験という言葉には、試しにやってみる、失敗していいという軽い気分があります。「修行」といえば、崇高な行為をするという重い意味になってしまいますから、そんな批判を避けたと考えられます。実質は「修行」と変わりません。

満之にはこのような言い換えがいくつもあります。如来を無限と言ったり、さとりを信念確立と言いかえたりしています。言語より実質を求めたのです。

「法身といい、如来といっても、自己の実験を通してあらわれるものであって、先生にあっては、実験実修をはなれた抽象的な理法のようなものは仏法というに値しないものなのであった。」

『清沢満之先生』p．196

と、西村見暁は満之の実行的態度を、高く評価しています。

第七項　接客の規範

満之の行者実験は進められていきました。けれども高名な満之に面会しようとする訪問客はあとを絶ちません。そこで接客の規範を作りました。

「来賓には素湯を呈す。
都合により粗茶、粗菓を進ずることあるべし。
もし美菓を要せらるるあらば、請求によりこれを周旋することあるべし。
来賓には時刻により粗飯を呈すべし。
美味を要せらるるあらば、請求により周旋することあるべし。
家内飲酒せざるをもって、来賓にも決して酒を呈せず。
たとえ要求せらるるもこれを謝絶すべし。
演説投書その他に類する事項を約諾することを謝絶す。
団体会社等へ入員することを謝絶す。
金費を要する事項はその性質の何たるを問わず、一切これを謝絶す。
宴席に列することを約諾することを謝絶す。」

『清沢満之全集』法蔵館3巻－p．484

来客があれば、素湯を出して茶は出さない、菓子も出さない。もし請求されたなら粗菓（センベイ）を出す。酒は決して出さない。演説や講演依頼はことわる、どんな会にも入会せず、宴会にも出席しない。金品のかかることは一切ことわるなど、簡素なミニマムポシブルに徹しようとしました。大きな勇気が必要だったと思われます。

また衣食住に関しても、

「人力車に乗らず。
汽車汽船は必ず下等室に乗るべし。
洋服を着用せず。和服に絹類を用いず、
僧服は最簡粗の衣体を着用す。
表打革緒の下駄を用いず。
食膳は麦飯一菜及び漬物とし、菜は質素を尚（トウト）ぶ。
茶を用いず、素湯あるいは冷湯を用う。
蚊帳は木綿製を求むべし。

書籍購求は月額六円以内とす。」

『清沢満之全集』法蔵館3巻－p．485

人力車は使わない、汽車や汽船には下等クラスに乗る、洋服は着ない、絹衣は用いず高級下駄は履かない、食事は一汁一菜の質素なものとする、寝具は安い木綿にするなど、生活から華美贅沢と思われるものをそぎ落としていきました。ただ書籍の購入代金は、一ヶ月に6円という高額を許しています。

でも形の上の実験のみでは、隔靴掻痒（かゆいところに手が届かない）の思いがしていたと思われます。宗教儀礼に切り込んでいきました。宗教に必要なものだけを、ミニマムポシブルのふるいにかけています。

「肉を断ち世間と離れて過ごすことが、宗旨（宗教のかなめ）だろうか。宗祖親鸞の心を察してみれば、頭をそることも、墨袈裟《すみけさ》を着ることも、宗旨にまったく関係なしとされている。仏の絵像・灯明・仏花・焼香はどうか。これらも読誦礼讃《どくじゅらいさん》の付け足しである。どうして宗旨と言えようか。・・宗教のかなめは、ただ信のみが必要なのである。」

『清沢満之全集』法蔵館5巻－p.67

と、高価な僧衣、仏像絵像、ロウソク、仏花、線香、また長髪剃髪などは、宗教の本筋ではないとふるい落とし、信のみが肝要なのだとしています。形の実験から、内心の実験に近づこうとしたことがわかります。

時間の善用

行者の簡素な生活で無駄をそぎ落とせば、膨大な時間が残るわけですから、その「時間」を修養に費やそうとしました。

「日常をどのように過ごすべきか述べてみよう。・・まず各人は毎朝、日の出の一時間前に起床し、洗面して御仏を礼拝し、観察し、経典を読み、讃嘆し、ご供養し、憶念するなど、それぞれの教派に準じて報謝の行をなし、それがおわって朝食をし、食後には各自の職業につき、きめられた事業をなし、夕べに家に帰ってからは明日の計画を考え、余暇があったら宗教道徳に関する読書、聴講、談話をして、ぼんやり過ごすことのないようにしたい。報恩進徳の練磨をして、就寝の時間になれば一日の行為を反省すべきである。」

『清沢満之全集』法蔵館３巻‐p．３３９

と、時間を有効に使おうと心を砕いています。ミニマムポシブルは、無駄な時をすごさないようにする修養でもあったのです。

第八項　母の死

行者生活を始めて一年たった明治24年、最愛の母タキが死去しました。それ以後、満之の行者生活は一段と厳しさを増していきました。

満之の母タキは、少女時代から常に近隣のお寺に参詣して、聞法《もんぽう》にいそしんだ女性で、「薄紙一枚のところがわからない」というほどの念仏者でした。しかし聴聞《ちょうもん》を重ね、法語の意味を得心してもなお、その本質に触れることができなかったのです。その母親の疑念に答えられなかったという悲痛な思いが、ますます激しく行者実践をするようになったと思います。肉を完全に断ち、煮炊きをせず、生米を食べ、塩気を遠ざけ、そば粉を水にかき混ぜて飢えをしのぐ極端な修養を行いました。これが軽量蒲柳《ほりゅう》の質と言われる満之の身体によいわけはありません。

第九項　発病

明治27年1月、大谷派前法主大谷厳如が亡くなり、葬儀が下京の東本願寺で執行されました。京都盆地の冬は厳寒で有名です。身を切る寒さの中で、学校の教職員や学生一同は頭を剃りあげ、午前2時から午後5時まで15時間、立ちつづけたといいます。これが原因で全員風邪を引いてしまいました。このため俗に「大谷風邪」といわれるほど京都に感冒が流行したといいます。

満之も風邪をひきました。しかしそれを放置しましたので、だんだん高熱や咳が続くようになり、ついに血を吐いてしまいました。

周囲の友人たちは、満之の異常さに気づいて、学校を休んで静養するように勧めました。しかし満之は頑としていうことを聞きません。そこで恒例の「樹心会」（哲学会）の後で、友人たちは満之をとり囲み、医師の診察を受けるようにつよく談判しました。

はじめは断固拒絶していた満之も、しだいにみんなの言い分をみとめ、しぶしぶ診察を受けることを承諾しました。理屈に抗して満之が折れるのは珍しいことでした。

診察

京都府立病院での診断結果は「左肺上葉結核」でした。風邪をこじらせて結核菌に感染していたのです。満之は直ちに学校を辞職しました。

満之ははげしく咳きこみ、血痰をはきました。心配した友人たちは、つよく転地療養をすすめました。当時の医療では結核にきく薬はなく、静養することが唯一の対処法でした。この提案に動かされた満之は次のようにいっています。「今までの徳永はこれで死亡した。このうえはこの死骸は諸君の自由にまかせましょう。」と転地療養に同意したといいます。この一言が清沢満之の宗教期を二分する分岐点でした。自力修道がここで終わったことになります。

第四節　療養生活

第一項　須磨

6月はじめ、今川沢柳たち友人の奔走で療養先が見つかりました。温暖優美な海辺の須磨（神戸市垂水区）で、米田房太郎という人の別荘を借りることになり、満之は家族とともに転地療養をはじめました。須磨は『源氏物語』でも有名な場所です。満之もこの風光明媚な別荘を気に入って、喜悦満面だったと言います。井上豊忠は「ああ、もしこの病がなおって全治するならば、宗門の大幸であるのに」と慨嘆しています。満之に対する期待の大きさが知られます。

治療に専念

この転地療養では、素直に治療に専念しました。医師の言いつけを守り、食事や栄養に注意を払い、天候・気温や体温、血痰の量まで丹念に記録しています。のちには肺患者の「ご馳走論」まで展開しました。ミニマムポシブルの実験も、度を過ぎれば自死と同じ結果になることを反省したと思います。

治療薬

医者が処方する医薬品は、クレオソートと杏仁水《きょうにん》（去痰水）と塩水くらいのものでした。クレオソートは飲みにくかったようです。そこで民間療法にも手をつけました。

鈴木鳳麟という人から「いかなる肺病の重患であっても、一、二週間を待たずにその効果がてきめんにあらわれる不思議の神法」と紹介された「柿の種実の壷焼」を粉末にした漢方です。一日三回、きちんと飲みました。（注『清沢満之全集』法蔵館5巻－p.18）

それを京都にいた父の永則が聞きつけ、柿の種がいいなら、柿の渋はなおいいはずだと、大量の渋柿を送ってきました。連日食べたら便秘になって難渋したと述べています。そのほか天明丸や六神丸の漢方薬も試しています。灸はあまり信用しなかったようです。

第二項　新学事体制

その頃本山では、満之の学団計画にしたがって、大学寮を新設し、全国には10の中学寮を建てることになりました。やがて法王命《ほっす》で実現し、京都・東京・名古屋・金沢等に設置されています。この学校試験に合格すれば、教師堂班《きょうしどうはん》（僧侶の位階）を与えられるという新しい学事体制を作り上げています。これは僧侶にも学問の必要があることを痛感したからでした。ただしすでに住職になった者は、試験はお構いなしとしています。

この新学事体制の構築は本山改革の本丸であり目玉でした。しかしこの体制構築から、渥美契縁と満之は激突するようになります。というのも渥美の内心では、学問のできる僧侶が増えるよりも、旧態依然の方が舵取りをしやすかったからでした。案の定、中学寮の同盟休校や、大学寮の学生が学事建白書を提出したりとごたごたが起こりました。（注『清沢満之全集』法蔵館５巻－p．２１５）

渥美は、大学生中学生全員を退学処分にしたり沈静化を試みましたが、潮勢は革新側に移っていて、ついに渥美は退陣しました。内局には石川が登用されて、大・中学寮学生は全員復学となります。

第三項　遺言

須磨で療養をしていた満之に血痰が続き、命も終わりだと覚悟したようです。療養を記録した日記「保養雑記」には「終言」と記して、七ヶ条の遺言を残しています。簡素な箇条書きで、まず実父永則への親不幸を謝り、妻やすには後顧を託し、娘ミチの教育、長男信一に清沢家を相続させること、妹の鐘子には父親の孝養を頼むと記し、また養家の西方寺に何も尽くせなかったことを詫び、最後に友人達へはこれまでの友誼に深い感謝を述べています。すっかり気落ちしていたことがわかります。

しかし日常生活は活発でした。「須磨療病院におもむき診察を受けたが、残患軽少と断定」と、たいしたことはないと自己判断しています。気分は良好だったのでしょう。好奇心も旺盛でした。海水浴をしたり、盆踊りを見物したり、小船をスケッチしたり、須磨の風俗をめずらしげに描写しています。憂鬱で引きこもった満之は見られません。

こののちの九年間、満之は教団改革運動に獅子奮迅の活躍をするのですから、実に驚異的な生命力でした。精神的活力で生きていたことがうかがえます。

第四項　療養の効果

この一年間の暖地療養は、満之の思想に大変よい影響を与えました。京都本山から遠く離れて、学校業務からも解放され、友人たちから遠ざかり、自力修道からも解放されていたのです。

ふと気がつけば、初めて宗教上の談話をしたのは、八月に入ってからだと日記に記しています。つまり二、三ヶ月の間は、須磨の大自然の中で心身ともに解放感を味わっていたのです。自力に凝り固まってガチガチだった満之に、初めて穏やかな時間が流れたといえるでしょう。

この時期をふりかえって、「人生に関する思想を一変し、ほぼ自力の迷情を翻転しえた」と回想しています。身体に関しても、思想に関しても、良好な効果を認め、大自然の中で反観自省ができた時期なのです。

禅宗に接する

療養先の須磨地区は、臨済《りんざい》宗南禅寺派の寺院の多い地区です。満之も禅宗の教義に接して、数息観《すそくかん》や黙行《もくぎょう》の修養に関心を持ちました。そして臨済録《りんざい》（臨済宗の語録）を読んで、自力修道も最終的には、他力信仰へ帰着すると述べました。

「臨済録《りんざいろく》にいわく。有一無為真人。二六時中、自《おの》ら爾《ずか》の面門に出入す。無為の真人とは何者なるか。仏を恥ずかしめず、真人を忘れざるものは独尊子なり。‥（独尊子を誤りて自力仏性家となすなかれ。彼はけだし他力摂取の光明に浴しつつあるものなり。）」

『清沢満之全集』法蔵館7巻－p．430

『臨済録《りんざいろく》』が示す悟りの存在「真人《しんじん》」は、他力摂取の光明に浴しつつあるととらえ、「信後の称名は、禅家のいわゆる悟りの後の修業と同じ」と、「他力」を覚知する点では、禅も浄土も同一と見ています。このことから自力と他力が、函蓋の関係（不即不離）だったと具体的に確信したと思われます。

第五項　内心のミニマムポシブル

療養中に特徴的なことは、ミニマムポシブルの実験が、形態上の実験から、内心の実験に転化していった点があげられます。その最初の例に「黙行《もくぎょう》」があります。黙行は禅の修養で、沈黙したまま一定期間を過ごすことです。しかし満之は、そもそも黙っていることができない性分です。論争をはじめたら徹底して、その正否を明確にしないではおれません。かつて初対面の同志と大論争したことがありました。

激論

時は少しさかのぼりますが明治25年、満之は学校副監の太田祐慶の家で、井上（青木）豊忠を紹介されました。井上は本山職員として業務の打合せに来たのです。そこに満之がいました。あいさつしてお互いの立場など紹介がありました。

以下は井上豊忠の語です。

「先師（満之）は初めはしきりに謙遜しておられたが、話鋒ようやく鋭くなり来って、ついには自己の修養も足らざるくせに、法主《ほっす》のためとか、教法《きょうほう》のためとか言っているものは、ことごとく名利《みょうり》の醜徒であるとまで私に向って、暗撃を試みてこられた。私はとてもたまらぬ、黙っておれぬ。ここに端なく衝突をひきおこした。」

『清沢満之全集』法蔵館3巻－p．734

満之はこのとき、中学校長職を辞任したばかりで、自力実験をはじめた時期でした。対して井上豊忠は本山職員で、宗務の改善を画策する立場でした。立場は逆です。激論になって衝突は容易に収まりません。一語は一語よりも激しく、おたがいに口角泡を飛ばして、午前九時より午後一時までおよそ三、四時間の大論争が続きました。

この論争をそばで黙って聞いていた太田が昼食を出したので議論は一時中止となり、主客三人共にうちとけて、こころよく会食したといいます。食事は終りました。が、真っ赤になって議論したので、双方に一種の暖かい感応が生まれています。これで袂《たもと》を分つのは心残りな気がしたので、場所を井上の住居に変えて改めて話し合うことになりました。今度は話題が一転して、お互いの経歴を談じ、清談高談をし、戯れを言い合うまでになり、固い絆が生まれていったといいます。満之が井上の居を辞したのは午後九時過ぎだといいますから、対話は延々十二時間に及んだことになります。

その時満之は、「入京以来ここ四年になるが、まだ今日のように長話したこともなく、また実に今日のように愉快に胸襟を開いたこともない」といって喜んだといいます。この白熱した議論以後、井上豊忠は満之とともに東本願寺改革運動の盟友となり、終始行動を共にする仲になったのでした。

満之の舌鋒はじつに鋭くて、きついと思います。本山改革の「檄文」をみても、教学独立の建言書を見ても、相手を強烈に追いつめる激しさがあります。

これは議論が友情を固く結んだ例ですが、満之はとにかく黙っていることができない性格なのです。

第六項　黙行《もくぎょう》

明治27年9月、療養地で黙行《もくぎょう》の実験を始めました。その理由も述べています。

「発声は有害なるあかし顕然《けんぜん》（はっきり）たるをもって、ここに本日より一週間の無言を行ず。」

『清沢満之全集』法蔵館5巻－p．54

と、発言は有害だとして7日間の黙行を始めました。無言の必要性を認めたのです。満之の読んだ『阿含経《あごんきょう》』（釈迦の言行録）には、心の激情をそのまま言葉にしてはいけないと述べられています。

「人が生まれたときには、実に口の中には斧が生じている。愚者は悪口を語って、その斧によって自分を断つのである。」

『スッタニパータ』岩波文庫657偈

思ったことをそのまま言葉にすれば、相手を傷つけ、自分も傷つける危険な行為だといましめています。これは現在の私たちにもそのまま当てはまることでしょう。

無言の応答

無言の行を始めると、思わぬ感情が突発します。ある日、猫の子が満之の部屋に入って悪戯《わるさ》をしたので、「コレッ」と、思わず叱り言葉が出たといいます。また工作物をひっくり返したときには、「チョッ！」と叫んだと記しています。制御できない無意識世界の感情を、満之は不思議そうに眺めました。

本山体制の報告

この黙行の期間中に、今川と稲葉が京都から須磨に、本山事情を報告しにやってきました。蚊帳の中では満之が無言の行をしています。そこで今川が一方的に話し、満之は石盤にチョークで書いて返答するという対話が行われました。まるで石盤と問答をしているようだったと今川は回顧しています。石盤やゼスチャーによる会話は、黙行の内と許容したようです。

第七項　高僧伝

療養していた満之に、沢柳政太郎が『和漢高僧伝《わかんこうそうでん》』を贈ってくれました。満之はこの『和漢高僧伝』をよみ、特に五人（中国の慧思《えし》、慧遠《えおん》、知顗《ちぎ》、道宣《どうせん》、善導《ぜんどう》）の禪師が名利《みょうり》を離れた行者ながらも、大きな業績を残したことに感銘を受け、五禅師追慕の法要を行っています。（注『清沢満之全集』法蔵館5巻－p．58）

内心の実験

満之がこれまで行った自力行者の実験は、いわば外形的な実験でした。しかし高僧伝の自力修養には悟りという結実があります。北周の武帝と厳しい対論をした慧遠など、高僧の事績に瞠目したのだと思います。宗教は外形が問題なのではなく、本質が問われていることを明確に意識しました。五禅師への追慕法要は、宗教の本質へ踏み込もうとした決意の儀式だったと思われます。

この瞠目は、『宗教哲学骸骨』の第三原理で描いた「三次元の図」を想起させます。図は、傍系の進化（遺伝）から、異質な正系の進化への「飛躍」を立体的に示したものですが、この具体事例を五禅師の業績の中に見たのです。

わがまま

一年間の療養で、満之の病状はほぼ安定していました。

しかし世情は騒然としていました。日清戦争が始まり、足尾銅山など公害問題が社会を揺るがし、東本願寺では守旧派と革新派の対立が先鋭化しています。「はやく帰京せよ」と、矢の催促が満之の元に届くようになりました。米田の別荘を一年間借りあげた約束日も迫ったので、京都へ帰る段取りのため稲葉や太田たちがその手伝いにやってきました。

ところが満之は、帰る直前に堅意地（わがまま）を言いだしました。臨済宗の禅寺「洞養寺」に間借りをして、しばらく逗留するといい出したのです。

「アアそうじゃ、どうも君（満之）の堅意地には困った」と後日の座談に残っています。友人たちはこのわがままを聞き入れ、4月29日に洞養寺へ転居して、満之が京都へ帰るのはしばらく後のことになりました。

第八項　懺悔

このわがままは、満之にとって大きな意味がありました。禅寺へ逗留して、『在床懺《ざいしょうざん》悔《げ》録』と『他力門哲学骸骨試稿』という2編の論文を書き上げています。洞養寺の住持と対談したり、臨済禅の位階・法系の様子や組織、制度、作法についての考察をしました。自力の修行と他力の関係に深く思いを凝らした時期だったと思われます。

自力と他力を振り返った心持ちが「在床懺悔録」という論文に現れています。この題名の「懺悔」とは、生かされている自分に気づいた言葉だと思われます。

懺悔録は、他力を解釈した問答です。自力一辺倒で来た満之が、他力の世界に触れて懺悔し、「心を仏法に傾け、念いを正覚に懸ける者、誤って大利を失するなかれ。」と、道を誤れば他力に気づかず、大利を失ってしまうと反省した語録です。この「懺悔録」の8番目に、「他力」を説く釈迦牟尼の光り輝いた場面を、『教行信証』（親鸞の著書）「経の巻」から、そっくり引用しています。

もう一編の『他力門哲学骸骨試稿』は、『宗教哲学骸骨』を、他力の立場から考察しなおしたものです。有限と無限を同時に認める「同体表裏論」や、実践すれば「無限」も無数にあるという考察や、「多神論、一神論、汎神論」の宗教形態は、実践意識の変化だとみた考察をしています。

信念獲得の前に、「他力世界に包まれている」ことを感じることは、信仰においてはとくに重要な一歩だと思われます。しかし、他力世界を感じながらも、「修養の不足はなお人情の煩累に対して平然たることができない」と回想しています。「人事の興廃・

人情の煩累」に振り回されていた切迫感がうかがえます。

第五節　宗門改革運動

第一項　教学の独立

人事の興廃の大きなものは教団改革運動でした。その経過をたどってみましょう。

東本願寺内局は本堂落成にかかりっきりで、学校運営を顧みませんでした。稲葉たちは、教学自立のための募金を建言しますが拒否されます。そこで校長辞任や事務改正の告発をしましたが、また完全に無視されます。

明治27年12月、内局は、校長だった沢柳政太郎を解職し、稲葉、今川、清川たちの給料を半額以下にする暴挙に出ました。これには中学寮や大学寮の学生たちが反発し、大騒動となりました。（注『清沢満之全集』法蔵館5巻－p．２２２）

第二項　白川党《しらかわとう》

明治28年7月、療養を切り上げて京都に帰った満之は、改革派の同志と共に、左京区白川に籠居して白川党を結成して、「教界時言社」を設立します。合い言葉は「教学は宗門の命脈なり。」と、いうものでした。

大々的に宗制改革が唱えられました。宣言書や檄文が各地の新聞社や全国大谷派組長《そちょう》へ送付され、白川党の月刊誌『教界時言』では、連続的に内局当路者の怠慢を強く批判しています。全国の組長会《そちょうかい》は白川党に賛同して、演説会や懇話会を開くなど、改革の機運が形成されていきました。2月には「大谷派革新全国同盟会」が全国規模で組織され、改革推進の請願書が出されました。

渥美内局の辞職

渥美内局は、酬恩会・貫練会などを結成して対抗しましたが、抗しきれずついに辞職しました。同時に騒動の主導者として、清沢満之はじめ6名が僧籍剥奪・除名処分とされ、かわって内局には石川舜台が、新内局参務に任命されたことによって、改革派は確かな手応えを感じ取ったのでした。

この頃が改革派にとって最高潮のときでした。

石川内局

しかし改革派と目された石川内局は、時間が経つにつれ言を左右にし、改革に消極的となります。また改革派の人事も一新されましたが、本山の要職についたそれらの人々も、改革の力の字も言わなくなる実態を見て、同志たちは落胆します。内局の勢力争いが続く現実は少しも変わりませんでした。

明治30年11月、大谷派革新全国同盟会は「当路者《とうろしゃ》不信任」を決議して、解散してしまいました。翌年4月には、白川党の『教界時言』が廃刊とされ、それに応じるように満之たちの除名も解かれました。互いが妥協したのです。満之はこの経過を見て、元の木阿弥になったと述懐しています。

「除名とけ　学師と共に大助教　これでようやく　もとの木阿弥」

『清沢満之全集』法蔵館7巻－p．437

第三項　運動の終結宣言

歯がゆい思いがあったことでしょう。改革派の石川内局も、実際は旧来路線を守る口先だけの政治家に過ぎませんでした。満之は次のように愚痴ったと言います。

「これだけのことをすれば、その後には何もかも立派に思うことができると思ってやったのだけれども、しかし一つ見おとしがあった。それは少部分の者がいかに急いでもあがいても駄目だ。よし帝国大学や真宗大学を出た人が多少あっても、この一派、天下七千ケ寺の末寺のものが、以前の通りであったら、せっかくの改革も何の役にもたたぬ。はじめにこのことがわかっておらなんだ。それでこれからは一切改革のことを放棄して、信念の確立に尽力しようと思う。」

河野法雲談『清沢満之全集』法蔵館5巻－p．622

と、教団の改革は、理想論だけでは無理だと理解したのでした。これが満之の改革運動の終結であり、敗北を認めた瞬間でもありました。そして教団の改革は、一人の信念確立から始まることに気づき、断然家族をあげて、西方寺に帰るのです。

第六節　信念の確立

第一項　『阿含経《あごんきょう》』の読誦

寺に帰って明治31年1月から始めた『病床日誌』では、苦痛とは何か、快楽とは何か、真善美とは何かを記していますから、身近な問題に目を移していたことがわかります。

満之が最初に手をつけたのは、『阿含経《あごんきょう》』を読誦することでした。阿含（アーガマ＝伝承）には、古代の釈迦牟尼が修養した時の生の声が残されています。『阿含経』は大部の経典ですが、増一阿含経から始めて、中阿含経、長阿含経、雑阿含経の抜き書きを、3月には完了させています。

『阿含経』の中で、満之が特に感激したのは、『仏本行集経《ぶっほんぎょうじゅっきょう》』の釈迦出家の逸話でした。城を捨て、妻子を捨て、位を捨て、愛馬や従者とも別れ、身一つで苦行の地に向かう場面はとくに切実でした。涙をめったに流すことのない満之が、大粒の涙を流して、釈迦牟尼の偉大な出家に感動したことを日記に記しています。

満之は『阿含経』の素晴らしさを認めています。「群経録」などを読み、小乗経典と大乗経典を比較した対照表を作成しています。『阿含経』は個人だけが救われる経典だと偏見されていますが、この経典の中には、すでに大乗思想（衆生すべてが救われる思想）が備わっていて、永遠不滅の如来の教えが存在すると述べています。

西村見暁は、この満之の読誦によって、千古の高閣に束ねあげられて顧みられなかった『阿含経』が、再び人間の手に戻ったといい、「清沢先生の阿含読誦は、こうした仏教史の広大な背景の下に行われた、歴史的事件だった」と、最大の賛辞を送っています。

第二項　エピクテタスとの邂逅

満之の宗教的実験も、クライマックスに近づいてきました。

明治31年9月19日、満之は新法主彰如の要請を受けて東京へ出向します。学友だった沢柳政太郎の家に逗留して、浅草別院等での業務を精力的にこなしました。9月27日、業務から帰った満之は、沢柳の書棚に英文の『エピクテタス語録』を見つけます。吸い込まれるようにページをめくると、電撃にうたれたような強い衝撃を受けました。この衝撃を、稲葉昌丸へ次のように書き送っています。

「今回、沢柳氏方にて、ローマの大哲エピクテタス氏の遺著を借来し、読誦いたしおりそうろう。・・激励的の語句すこぶる圭角（卑俗な言葉）あるがごとしといえども、われらの胸底の固疾を療治するためには、その効能決して少なからざるものと存じそうろう。死生命あり富貴天にあり、これエピクテタス氏の哲学の要領にこれあるように思われそうろう。これは大兄に対する東京みやげのつもりにこれありそうろう。」

『清沢満之全集』法蔵館8巻－p.23

東京みやげは『エピクテタス語録』だと伝えています。「胸底の固疾」を療治できる示唆を受けたのでした。満之が探求していたのは「宗教的実験」の具体的方法です。実験は何をどのようにすればいいのか、それが明瞭に回答されていたのです。すぐさま満之は書を沢柳から借りて西方寺に帰り、熟読しました。

満之が衝撃を受けた『エピクテタス語録』は次の言葉でした。

『死の恐怖を除去せよ。思うままに雷電光りはためくと想え、かくて汝は、気静神間の主宰才能中に存するを知るなるべし。』

『清沢満之全集』法蔵館8巻－p．23

ピカピカと電光と雷鳴のとどろく恐怖の中でも、心の底には静まりかえった主宰者が存在していることを知れ、という意味です。まず死の恐怖を除き去ってみよと指示してあります。このエピクテタスの原文は、鹿野治助が次のように翻訳しています。

「死の恐怖を取り去るがいい、そして君の好きなだけの雷鳴と、電光とを持ってくるがいい。そうすれば、指導能力の中に、どれほど大きな凪と晴天とがあることがわかるだろう。」

『エピクテートス人生談義』2巻－18章

人間の心底には不可思議な別天地が存在し、大きな指導能力があることを指摘したものです。満之は、我が意を得たりと喜びました。

第三項　哲人エピクテタス

エピクテタスというストア派の哲学者は、ソクラテスの哲学を継承し、古代ローマの青年教育に生涯を捧げたスコラ学の哲人（哲学を実践する人）です。

エピクテタスが学生たちとした対話集が『エピクテタス語録』です。筆記者は弟子のアリアノスで、この対話集がエピクテタスの哲学を現代にまで伝えました。この他にエピクテタスの著書はありません。

指導能力すなわち理性的能力を正しく活用すれば、自由になるという実践論が説かれています。平明な話しことばで説かれた興味深い実践書で、古代のキリスト教者もこれを愛読し、ローマ皇帝アウレリウスも座右の書としました。満之はこれを「西洋第一の書」と命名しています。西洋第一とは、デカルト、カント、ヘーゲル、マルクスなどの哲学を超えていることを意味しています。

エピクテタスの主張

「神は諸存在のうち、あるものをわれわれの権内に置き、あるものをわれわれの権内におかなかった。これは正しく行使されるならば自由であり、安静であり、爽快であり、剛毅であり、またこれは正義であり、法であり、節度であり、またすべての徳である。」

『エピクテートス人生談義』断片4

このようにいうエピクテタスの主張は、人間には神の能力が備わっていて、それを善用すれば自由になれるというものでした。満之は『臘扇記《ろうせんき》』と名付けた日記に英語のまま引用しています。

「God is in man, is an old doctrine. Euripides ; Ovid ; Horace.」
「『神は人の中にある。』というのは古来よりの学説です。」

『臘扇記注釈』p．182

「神は人の中にある」と証言した三人の詩人の名をあげています。エウリピデス（前485〜前406古代ギリシアの悲劇詩人）、オウィディウス（前43〜後18古代ローマの詩人）、ホラティウス（前65〜前8古代ローマの詩人）の三人です。

哲学では、神という絶対者が人間の中に存在するという矛盾を証明できません。しかし、詩人たちは堂々と「神は人の中にある」と言い切っています。もちろん詩人の賛歌に過ぎませんが、「神の能力がある」という言辞に満之は注目しました。

第四項　哲学を超える

詩人たちは、神を自分の中にみて、受容しているのです。「神は人の中にある」とはどういうことを指すのでしょうか。

「君は君自身の中に、神の一部分を持っているのだ。そうすると、なぜ君は君の親類の者を知らないのか。」G.Long の註

『臘扇記注釈』p．182

理性的能力が神の一部だと主張しています。しかしエピクテタスは哲学者なのです。神的能力が人の中にあるという「哲学的矛盾」を受け入れられないはずです。それをどのように解決させたのでしょうか。

「諸存在はアトムから出来ていようと、ホモイオメーレーから出来ていようと、

火や地から出来ていようと、私に何のかかわりがあるだろうか。というのは善悪の本質や欲望、忌避、さらに意欲、拒否の尺度を知ったり、それらをいわば基準に用いて、人生の事柄を秩序づけたり、またわれわれを超えているものを棄てておいたりするので十分ではないだろうか。そのわれわれを超えているものは人知では把握できないし、たとい完全に把握できるとしてみたところで、把握は何の役に立つだろうか。」

『エピクテートス人生談義』断片－1

無記《むき》

人知を超えている神という真理を証明することは、そもそも何の役にも立たないと切り捨てています。

真理に対する論議の棄却は、仏教では「無記《むき》」といいます。論議してはならないという意味です。真理を議論しようとすれば、仮説ばかりの話になるからです。

真理を体現した者は、安らぎ満足して論争には関わらないはずです。

問題は、事実として安穏《あんのん》になることにあります。

第五項　如意不如意の実験

満之は、エピクテタスの主張をまとめ、問題点を如意と不如意の二つに分割しました。如意とは、自由にできることです。不如意とは、自由にできないことです。その条項を実践すれば安穏になれると仮定しています。

この部分を「総則」と名付けておくことにします。

総則

「如意なるものと不如意なるものとがある。如意なるものは、意見、動作、および好き嫌いの感情である。不如意なるものは、身体、財産、名誉、および役職である。自分の動作に属するものとそうでないものとである。

如意なるものは、自分が自由にできる所作である。誰からも制限や妨害を受けることはない。不如意なるものは、自分の所作は及びにくく、他人の思うがままである。

この区分を誤るときは、妨害にあって悲歎号泣し、神や人をののしることになる。如意の区分を守るときは、抑圧されず妨害を受けることはない。したがって人も天も恨むことはない。また人から傷つけられないし、人を傷つけることもない。この広い天下に敵となる者は一人もいない。」

『清沢満之全集』法蔵館7巻-p.371

如意（自由にできるもの）は、意見、動作、感情の3つの能力です。この如意の部分を守って逸脱しなければ、妨害を受けることなく、苦しみもありません。

これは誰でも道理としてわかることです。わかるけれども、誰もが行おうとしません。ここが問題であることをエピクテタスは注目して、ローマの学校では生徒たちに「君たちは誰に褒められようとしているのか。関係ない人たちにではないか」と、いつも実践せよと叱咤激励していました。

この総則は、実験の予想・仮定の部分に該当します。もしそれが正しいとすれば、次の問題はどう実験するかになります。

細則

総則に続いて「細則」が示されています。実験する事柄が箇条書きにされ、避けてはならないことと、避けるべきことがあげられています。（忌避と欲求）

「○病気・死亡・貧困は自由なものではない。これを避けようとすれば苦悶が生じる。陶器は壊れるし、妻子は別離することもある。

○職務を怠れば、食べられないと心配するのは、修養を妨害する大魔である。

○人におもねって迎合し、美食するより、餓死してしまう方が勝れている。

○無知といわれ、無神経だといわれてもよい、これは修養なのだ。

○自由になりたければ、去る物は追わず、来るものは拒まないことだ。

他人に属しているものを喜んだり、また嫌がったりしてはならない。

○天から授かった目の前のことを大切にし、自分の能力を発揮すべきだ。

吉兆占いを気にしてはならない、福楽は自分の裁量の中にある。

○必勝の分（自由の範囲）を守れば、争うことなど決してない。

○ののしる者や叩く者が自分を侮辱するのではない、自分の意見が自分を侮辱するのだ。もし哲学者であろうとするならば、人のそしりや辱めは覚悟しておくべきだ。

○人に迎合しようと気をつかう者は、修養を放棄しているに等しい。

（以上、哲学者であろうとすれば、自分でその資格を備えなければならない。

ようやく人に対してこのように見ることができるようになった。）　消すべきか？」

同右

病気・死亡・貧困は外物《がいぶつ》であり、避けても求めてもいけないものです。したがってありのままに認める必要があります。陶器・妻子・職務・来るもの・去るものも同様に、求めず、追わず、拒まず、また争わないという態度でなければなりません。エピクテタスは、「早朝、街角に立って人々を観察せよ、そしてそれらは外物だとみる訓練をせよ」と、指示しています。しかしこれを実行すれば、人からののしられたり、辱めを受けたりすることを覚悟せよと言い聞かせています。実行が難しいのはこのことがあるからです。そして満之は「ようやく人に対してこのように見ることができるようになった」と述べています。実験はただいま進行中なのです。

第六項　魔法の杖

病気、死、貧困などを、実験対象にしているエピクテタスの哲学に、満之はずいぶん驚いたのではないでしょうか。東洋人は、やる気や気力や名誉を讃美しますが、病気などの不可抗力に出あうとリタイヤしやすい一面があります。しかしローマ人の考えはずいぶん違っていたようです。

「病を持って来たまえ。死を持って来たまえ。困難を持って来たまえ。罵詈を持って来たまえ。死刑を持って来たまえ。これらすべてはヘルメースの杖で有益なものとなるだろう。『あなたは死をどうするでしょうか。』それは君を飾るため以外の何か。あるいは自然の意志に従う人間は、どういう人間であるかを実際の行動で示すため以外の何か。『病気をあなたはどうするでしょうか。』私はその病気の本性を示すだろう。病気して私は有名になるだろう。私はしっかりしていることだろう。私はゆとりを持っていることだろう。私は医者にへつらわないだろう。死ぬことを祈らないだろう。」

『エピクテタス語録』3巻－20章

ヘルメースの杖とはギリシア神話で、病気や死などの苦悩や困難をすべて黄金（価値あるもの）に変える魔法の杖のことです。満之は肺患という死の病に罹っていましたから、これを次のように受け止めました。

「エピクテタス氏の、いわゆる病にかかっても喜ぶ者に達したとはいえないまでも、自分も幾分かはこれに接近することができたのではないだろうか。読書の恩恵はじつに大なるものがある。」明治31年10月16日

『清沢満之全集』法蔵館7巻－p．409

と、病気のおかげで無限自由の光明に照らされたことを喜んで、人生の思想を一変させました。経済万能という外物に偏って、生きる虚無感を味わっている現代人にはとりわけ必要な魔法の杖ではないでしょうか。

第七項　貧心富心

衣食の苦しみは、行者の生活をつねに悩ます問題です。しかし神は人間に多くを与えません。神の親族である英雄のヘラクレスにさえ与えませんでした。

「神は私が贅沢することを欲しない。なぜかというに彼は自分の息子であるヘーラクレースにも与えなかったのだ」

（注『エピクテートス人生談義』３巻－26章）

と、いっています。

富の欲求は真理の追求に対しては、大きな障害です。富を多く囲い込めば金持ちや権力者になれるかも知れませんが、しかし嘘をついたり、見栄を張ったり、だましたり、人を恐れたり、没落の心配をしなくてはなりません。結局、貧乏であるか、富んでいるかは、心の問題だと満之は示しています。

「貧を貧と思わなければ、これ富なり。富を富と思わなければ、これ貧なり。貧富は、財貨の多少には関係しない。充足を知ると知らざるとによるなり。財が少くても、足るを知るものは富んでいる。財が多くても、足るを知らないものは貧しい。貧富は、つまるところ精神的のものである。ゆえに貧富は『貧心富心』ということができる。」

『清沢満之全集』法蔵館７巻－ｐ．16

金持ちになろうとする富の欲求は、人間を束縛して自由や満足を与えません。エピクテタスは「自由は欲望の対象になっているものを満たすことによってではなく、欲望を除去することによって得られるのである」と、簡明にミニマムポシブルを述べています。要は自由を求めるか、外物を求めるか、二つに一つの選択だといえましょう。両方同時に取ることはできないのです。

第八項　自由境の発見

「信念の確立」を示す10月24日の日記は、次のように始められています。

「いかに推考を費やしても、いかに科学哲学を尋求してみても、死後の究極は、不可思議の関門に閉ざされている。死後の究極だけでなく、生前の究極も絶対的に不可思議な雲霧の中にある。進むも退くも絶対不可思議の妙用《みょうゆう》にまかせないわけにはいかない。ただ生前死後だけがそうでなくて、現前の事柄についても、ただ不可思議という以外にないのである。」

『清沢満之全集』法蔵館7巻－p．379

単にこれだけなら、小説家や随筆家でも言いそうなことです。しかし満之の場合、つぎの確認をしています。

「かくのごとく四辺をみわたして茫々たる中間において、自分には明確な、一団の自由境がある。自己意念の範囲がそれである。“Know Thyself is the Motto of Human Existence.”自己とは何ぞや。これが人生の根本的問題である。」

『清沢満之全集』法蔵館7巻－p．380

と、「自由境」の確認をしています。それだけが自分にはっきりしたものです。死後も生前も、人間には知ることができません。知れるのは目の前の事実だけです。この現前の事実を人間は内外万境で覆い被せて、まったく違った心像に作り上げています。例えば、人に出会ったとしますと即座に、この人は優しくしてくれたいい人とか、この人はひどいことをした悪い人とか思惑を覆い被せて、初めの印象とはまるで違ったものにします。これから解放された状態が「自由境」と述べたと思われます。

第九項　乗托《じょうたく》

解放されてみれば、自由そのものです。「まるで別天地に」入ったような高調した気分を伴っていました。大きな乗り物に安心して乗った気がしたと思われます。これを「乗托」と表現しています。

「ただそれ絶対無限に乗托する。ゆえに死生のこと、また憂うるに足らず。死生なおかつ憂うるに足らず。いかにいわんやこれより小さな事件においてをや。追放可なり、獄牢甘んずべし。誹謗擯斥《ひぼうひんせき》、あまたの凌辱《りょうじょく》、どうして意に介すべきであろうか。いや、たとえ憂えたとしても、意に介したとしても、私はこれをどうすることもできない。自分はひたすら一途に、絶対無限が私に与えるものを楽しんで行くばかりである。」

『清沢満之全集』法蔵館7巻－p．380

と、絶対無限に与えられた現前《めのまえ》の事実がそのまま、乗托の世界となったのです。違う点は、そこに絶対の安心感がありました。

「無限の大悲に乗托して、安心したものは自由である。この自由とは、完全なる無限の自由であって、仏心を得た以上は、私共もまた完全なる無限の自由で、決して何らの束縛も感ぜぬのであります。」

『清沢満之全集』法蔵館6巻－p．80

と、乗托すれば、それは、完全な自由で、何の束縛もないと述べています。この乗托は、自己省察からはじまったことを汽車の例で示しています。

「ここに数人あって、京都から東京に行こうと相談した。世には汽車なるものがあって鉄路を敷き、数時の間に千里を走るという。けれども我らは、汽車に乗ったことがない。身を托するのはたいへん危険である。我らには丈夫な両脚がある。草鞋と健脚で進むにかぎると、みんなは徒歩で出発した。

往くこと数里、大津に達したとき一人がいった。もう疲れてしまったのでとうてい進めない。まだ汽車は知らないが、ここで倒れてしまうよりは、汽車に乗って目的地に到達する方がよいと、彼はついに同行者に分れて汽車に乗った。

残る数人は勇を鼓して徒歩で進んだ。ようやく名古屋まで到達したが、次の一人が、これはとうてい歩いて東京までは行けないと、また汽車に乗ってしまった。

もう一人は静岡まで進んで汽車に乗った。また最後の一人は横浜まで進んだが、とうとう汽車にのってしまった。

汽車に乗ることに早い遅いはあったが、自力の困難を知って汽車に投じたことは、等しく同一である。自力が無効で益のないことを早く知ったものが、早く救済の門に入ったことになる。だから理屈以上の信仰に到達するためには、『弱きものは幸なり』という古き言い伝えは真理なのである。」

『清沢満之全集』法蔵館8巻－p．470

と、汽車と徒歩を比べて、自分は弱きものだという自覚が、汽車という他力に乗托する原因となることを述べています。

これを「自己省察」という古い言葉に定着させています。

「宗教の世に振興せず、道徳の世に隆行しないゆえんは、主として吾人有限が明知されないことにある。古人が自己省察をもって、道徳の第一義と命示しているが、その意、誠に深いかな。・・いま吾人は終局の信仰により、さかのぼりて自己省察の要に逢着せり。ああ、自己省察なるかな、自己省察なるかな。」

『清沢満之全集』法蔵館6巻－p．414

「終局の信仰」と銘打ち、宗教の要が「自己省察」にあると深く感嘆しています。

以上が、信念確立までの主要な実験内容でした。満之の実験は数多く、興味深いものばかりです。満之は信念確立だけで実験を終えてはいません。実験結果の検証をしていないからです。

第二章　了

第三章　信念の考察

第一節　最後の信念

信仰のある、なしは、今も昔も宗教の中心的課題です。宗教に関わろうとすれば、信仰があるか、信心が深いかどうかということばに突き当たります。

識者は「信は、ただのただ」という言葉で信仰を説明しますが、未信のものにとってはその深い意味がわかりません。課題は実験の検証にあると思われます。

満之は、宗教的信念はこんなものだという決着が何度も起こって、しかもそれが次々と壊れたと述懐しています。いずれも根本的な解決ではなかったという反省があります。宗教的信念には「最後の安心」「最後の救済」という「最後」と確認されることがぜひとも必要なのです。

満之の実験には、失敗も多かったようです。学問的に宗教を構築しようとしたこともそうですが、数学で無限世界を証明しようとしたり、心理学や倫理学で宗教を判定しようとしたり、神経反応から無限との接点を物理的に見出そうとしたりもしました。

宗教を数学式で表そうとした例を挙げておきましょう。

「宗教は有限無限の調和あるいは一致なり。すなわち有限（相対）の吾人が、無限絶対に体達することを教えるもの、これすなわち宗教なり。これを代数式に寓するに、a×∞＝∞　にて有限量aを無限量∞に乗ずれば、その結果として無限量∞をえる。ゆえに言を換へてこれをいえば、宗教は有限の吾人が転迷開悟して、無限の仏陀となることを教うるものなり。・・代数式においてこれを分てば、a×∞＝∞は自力門とすれば、∞×a＝∞は他力門を表すなり。」

『清沢満之全集』法蔵館2巻－p．716

数学者の人見忠次郎にこの意見をうかがっています。

「数学家の眼には如何にそうろうかな。ご批評を願いたく存じそうろう。それは他にあらず。真宗の信者は、一念帰命のたちどころに、往生の大事を決定して、摂取光明の懐住居《フトコロズマイ》の身となれども、貪瞋《とんじん》などの煩悩は、数々起りて、正念をさまたげることありと申すところを左の如く、

C∞～Va×∞＝±Vb

C∞は　Constant Infinity《不変無限大》　すなわち弥陀力。×∞は無始いらいの曠劫流転《こうごうるてん》の習慣。」

『清沢満之全集』法蔵館5巻－p．114

「一寸この頃、∞－∞＝0と論じたり。その理由は、∞＋∞＝∞なればなりという。That is to say, ∞＋∞＝∞, transposing, we get, ∞＝∞－∞…（X）

これで前達の第六 Case は消えざるや如何。もし消えるならば（X）の宗教的説明を開陳すべし。お暇の節御一考を給え。」

『清沢満之全集』法蔵館3巻－p．552

この問いに対して人見忠次郎は、次のように回答しています。

「∞－∞の事についてはいまだ明解なかりしなり。本書翰はその研究の結果を述べんとせらる準備なりしならん。しかるに、師の数学的説明には誤謬《ごびゅう》あるをもって、私は直ちにその旨を師に回答せり。」

同右

『宗教哲学骸骨』が出版される頃の話です。数学ではまだ解明されていないといい、そこに誤謬があると回答しています。

また、稲葉昌丸とも数学式で意見を戦わせました。

「先日は暴言をもって貴安（稲葉の意見）を冒し、恐縮罷在《まかりあり》そうろう。・・このごろ左の一式を考定しそうろう。ご笑評を願いたくそうろう。±の前のVとは前代未聞にそうろうかな、いかにいたせばよろしくそうろうかな、ご叱正を乞う。

C∞－a×∞＝V±b（0・・・・∞）

C∞はConstant Infinityすなわち弥陀大悲の願力。aはpresent pernicious sentiment　すなわち現在悪念（煩悩力）」

『清沢満之全集』法蔵館5巻－p．115

垂水療養《たるみりょうよう》のころまでこの数学式には相当こだわっていたと思われます。その他、心理学や論理学、倫理学、また原子論、進化論などから言及されたものなど多数ありますが、これらは満之が行った実験の残骸と言うべきでしょう。信念確立時までに、それらは捨て去られてしまいました。

第二節　検証

第一項　無限の能力

満之は如来を信じる理由を「我が信念」のなかで三つにまとめて表明しています。

「私の信念は大略かくのごときものである。
第一の点よりいえば、如来は私に対する無限の慈悲である。
第二の点よりいえば、如来は私に対する無限の知慧である。
第三の点よりいえば、如来は私に対する無限の能力である。」
『清沢満之全集』法蔵館6巻－p．231

無限如来の効能として、慈悲・知慧・能力をあげています。とくに能力の効能をとりあげ、現実の力となることを重視しました。

満之自らの病気を例にして、「一大事件たる最後の安心」を確定する方法を述べています。

「我らはとうてい我ら自らの力で、生死の大事を左右することはできぬがゆえに、他の救済主をたのまねばならぬ。他の救済主とは誰なるか、すなわち阿弥陀仏である。そこで、阿弥陀仏とは一体いかなる方であるかというに、畢竟、我らを救済するについての最上の能力者である。」

『清沢満之全集』法蔵館6巻－p．211

「最後の安心」とは、最上の能力者である救済主を頼むことであると述べ、実験の「総まとめ」をしています。最後とは、「厭世の関門」とも表現されていて、「無執着」を意味するものです。無執着になることは仏教の本筋ですが、生やさしいことではありません。

「真面目に宗教的天地に入ろうと思う人ならば、釈尊がその伝記をもって教えたもうたように、親も捨てねばなりません、妻子も捨てねばなりません、財産も捨てねばなりません、国家も捨てねばなりません、進んでは自分そのものも捨てねばなりません。語をかえていえば、宗教的天地に入ろうと思う人は、形而下の孝行心も愛国心も捨てねばならない。その他仁義も、道徳も、科学も、哲学も一切眼にかけないようになり、ここに始めて、宗教的信念の広大なる天地が開かれるのである。」

『清沢満之全集』法蔵館6巻－p．143

と、無執着は、満之にとって「捨てる」感覚をもっていました。この無執着はどのように達成されていったのでしょうか。

第二項　無尽破《むじんは》と慈悲《じひ》

『有限無限録』の52項「無執無着」には、次のように述べられています。

「仏教のかなめは、無執無着に達する点にある。人間は、我に執着し、法に執着し、心に執着し、境に執着し、彼に執着し、これに執着し、真如に執着し、万法に執着し、無執着に執着し、離無執着に執着し、ついにほんとうの無執着に達することができない。これを破し、破し、破し尽すためには、無尽破《むじんは》が必要となって、ついに無執着に達することはできない。」

『清沢満之全集』法蔵館7巻-p.28

と、無執着の結末は「無尽破」となり、ついに無執着にはなれないとしています。つまり無執着の実験は不可能の壁に突き当たったのですが、満之は次のように転じています。

「この無執無着の境界にあって、真個の大執着がある。これを仏の大慈大悲という。慈悲の根源は、無執着そのものであるから、そこに立場を移して、幾分の執着を脱したなら、幾分の慈悲が生じることとなる。」

同右

と、人間の立場を離れて、執着を仏の慈悲に転じたならば、無執着が成立することになります。というのは前項の51に、「仏陀の大悲を仰ぎ見れば、摂取不捨が間違いないことを思って、踊躍歓喜の情を催す」と述べていますから、執着を脱したら、踊躍歓喜の情が生じることとなります。つまり、一つ執着を取り除けば、一つの慈悲が生じます。

二つの執着を取り除けば、二つの慈悲が生じます。つまり「歓喜」の心が生じると、実践的に受け取りました。

欲望からは、大きな苦しみが生じますが、無執着に近づけば、その分解放されて喜び、安堵できるという大きな転換をなしたのでした。

「言葉を慎まねばならぬ、行を正しくせねばならぬ、法律を犯してはならぬ、道徳を破壊してはならぬ、礼儀に違うてはならぬ、作法を乱してはならぬ、自己に対する義務、他人に対する義務、家庭における義務・・私はこの不可能に突きあたって非常なる苦しみをいたしました。もし、かくのごとき不可能のことのためにどこまでも苦しまねばならぬならば、私はとっくに自殺も遂げたでありましょう。しかるに、私は宗教によりて、この苦しみを脱し、今に自殺の必要を感じませぬ。」

『清沢満之全集』法蔵館6巻－p．232

と、宗教のもつ救済の能力によって、生きる力を無限に得たことを述べています。

第三節　信とは何か

第一項　他力

エピクテタスは自由への実践を教えています。しかし、それ以上の考察はしていません。哲学にはその必要がなかったからだと思われます。しかし満之は信の考察を徹底しています。その理由は、煩悩（迷い）にあります。エピクテタスは、

「われわれはただ一つのものに注意し、ただ一つのものに一身をまかせることができるのに、かえってわれわれは多くのものに注意し、多くのもの、つまり肉体や、財産や、兄弟や、友人や、子供や、奴隷に縛られたがっているのである。かくてわれわれは多くのものに縛られるから、それらによって重圧されたり、圧倒されたりするのだ。」

EP1巻－1章

エピクテタスは、集中できない理由を述べています。人間は常に何かに縛られたがっ

ていて、そのせいで圧迫され、自業自得で苦しむのだという結論で検証を停止させ、「ただ一つのものに注意することができるのに」と意志的な可能性に含みをもたせました。しかし満之は、煩悩に対して他力をもって次のように検証を深めています。

「人は日常的に、不如意の事がおこる。自由になろうとおもえば、如意不如意の分限を理解しないわけにはいかない。自己省察の結果、善いことをしようという心がおこる。しかしそれは不可能であると知って、他力を信じる心になる。他力の信は報謝の心に転じる。報謝の心は自信教人信《じしんきょうにんしん》の心となり、自信教人信は自《じ》行化他《ぎょうけた》の念に入り、自行化他の念はまた修善の心にかえる。以上は連鎖的な循環行事である。」

『清沢満之全集』法蔵館7巻－p.386

と、信念が確立すれば、自然に連鎖循環して、他力にかえると観察しています。この仕組みが備わっている他力世界は素晴らしいと驚いています。この循環が繰り返されれば、「他力」と聞いただけで苦悶を脱するようになると検証しています。

「我、他力の救済を念ずるときは、我が世に処するの道開け、
我、他力の救済を忘れるときは、我が世に処するの道閉づ。
我、他力の救済を念ずるときは、我、物欲のために迷わされること少く、
我、他力の救済を忘れるときは、我、物欲のために迷わされること多し。
我、他力の救済を念ずるときは、我が処するところに光明照し、
我、他力の救済を忘れるときは、わが処するところに黒闇覆う。
ああ、他力救済の念は、よく我をして迷倒苦悶の娑婆を脱して、悟達安楽《ごだつあんらく》の浄土に入らしむるが如し。我はじつにこの念によりて、現に救済されつつあるを感ず。」

『清沢満之全集』法蔵館6巻－p．58

と、どんな煩悩の脇道へ迷い込んでも道は開かれ、仮令、忘れたとしても自己省察の刺戟によって他力の救済に連れもどされると述べています。信の考察は、満之が最も必要とした宗教的事案だったといえます。

第二項　撞鳴一如

満之の絶筆「我が信念」では、信と如来とは一つのことであるとのべています。

「私の信念とは、申すまでもなく、私が如来を信ずる心の有様を申すのであるが、それについて、信ずるということ、如来ということと、二つの事柄があります。この二つの事柄は、丸で別々のことの様にもありますが、私にありては、そうではなくして、二つの事柄が全く一つのことであります。」

『清沢満之全集』法蔵館六巻－P．227

と、如来の実存を確認して、それを信じるという別々のことではなくて、信の瞬間に如来の存在が知れることだと述べています。

それを『破邪顕正談』で、梵鐘を例に説明しています。

「鐘を撞鳴するに、撞くは先にして、鳴るは後なるがごとし。しかれども、撞くと鳴るとはその実、同一瞬間にあるなり。破妄顕真の事またしかり。破妄と同時に顕真あり」

『清沢満之全集』法藏館6巻－p．428

鐘は打てば鳴ります。闇の中でも鳴ればそこに鐘（無限）が在ることがわかります。鳴（自由境）が確信されれば、同時に鐘の存在が知られます。絶対無限はそこに現れているのです。

第三項　信と無限

明治32年6月「有限無限録」の85項から、信の考察をしています。満之はすべての経験の前提に、絶対の信が存在するとします。その信を「統一的原理または心王」と名付けて自分を自分だと信じる思いの発生から、連続して発生する信の順序を観察しています。

「我は我あることを信ず。（統一的原理或は心王。）
我は外物あるを信ず。
我は我と外物に各々その作用（変化）あるを信ず。

我は我と外物との間に接触互働の可能を信ず。

我は外物の作用に規律あるを信ず。

我は我が作用に規律あるを信ず。

我は我に絶対的性能あるを信ず。

我は我が成立の絶対的（無限的）にして、また相対的（有限的）なるを信ず。

我は矛盾の一致あるを信ず。」

『清沢満之全集』法蔵館7巻－p．52

「我は我あることを信ず。」と、まずものの見方の大前提に、根源の信を認めます。これはどういうことを示しているのでしょうか。

たとえてみますと、生まれ落ちたばかりの赤子は、大声で泣き叫びます。赤子が泣き叫んでいるとき、「我はある、これが我だ」と最初の信が赤子に生起することを指摘したと思われます。

また毎朝目覚めたとき、周りの壁を見て、ここはどこだと目覚めます。次にこれは自分だ、ここは自分の部屋だ、今から何をすべきか、と考えるでしょう。この心の根源で働く意識が心王であると述べたのではないでしょうか。

その最初に働く心王は、つぎに周囲の外物を見て在ると信じ、つぎに作用・接触・規律が在ることを信じ、自分という作用にも規律が在ることを信じるというように次々と信じられる事を述べたと思われます。その根源の信は「無限・仏」以外にありません。この根源の信を知ることは、無駄なことのように思われ勝ちですが、ものの見方を他力という地平から見直す大きなできごとでした。

「吾人の心的活動は、みなことごとく信をもって基礎となすものなり。知といい、情といい、意という、みなことごとく信の基礎を離れて存すること能わざるなり。・・吾人が事物を実なりとするは、吾人がまさにこれを信じたるときに成立することなり。科学の知識も信の上に立し、実際の活動も信の上に立す。しかして信そのものは何の上に立ち、何に依って存するや。吾人は信は直接自立なりといえり。信は実による所なし、信の成立は実に不可思議なり。」

『清沢満之全集』法蔵館6巻ｰp．423

学問も法律も科学も芸術も商業も工業も「信」によって成立している心の奥深いところで働く心性作用を見つめています。哲学の合理と調和を目指した精神の極点で知られた不可思議な無限世界でした。

仏とともに

満之は、仏とともにあるとよく口にしたそうです。

「安心決定鈔にいわく。朝な朝な仏と共に起き、夕な夕な仏と共に伏す。臨済録に云く。一無為真人あり。二六時中、自ら爾の面門に出入す。」

『清沢満之全集』法蔵館7巻ｰp．430

と、常に仏と一緒にある統一的原理のはたらきに驚きの目を向けています。また、

「この思念が明白であれば、それが生活作用のすべての方面に大なる気力を与えて、心身を快活ならしむる」

『清沢満之全集』法蔵館6巻ｰp．209

と、思念が明確であればあるほど、別天地へ入ったように気力が充実すると表現しています。

第四項　死の解決

死は、生き物が原始からもっている最大の難関です。

「生死は人界の最大事件。いかなる人事といえども、一死これが終りをなさざるはなし。ゆえに、吾人もし死に対して覚悟するところあらば、般百の人事、決して吾人を苦しむるものなし。」

『清沢満之全集』法蔵館7巻－p．419

死は人にとっても最大事件です。死に対して覚悟することができれば、大抵のことはクリアできます。覚悟はどのように確立されるのか見ていきましょう。その覚悟の中で最も注目されるのが「不死」です。釈迦牟尼の最初の説法（初転法輪）では、

「修行者ども、耳を傾けよ。不死が得られた。わたくしは教えるであろう。わたくしは法を説くであろう。」

世界古典文学全集6仏伝Ⅰ　筑摩書房　p．28

と、「不死」が得られたことを、真っ先に説いています。釈迦牟尼は80歳で亡くなっていますから、身体の不死ではないはずです。

第五項　不滅について

『臘扇記《ろうせんき》』と名付けられた日記には、「死」という項目があります。

「人は死ぬが、滅することはない。生のみが我にあるのではない。死もまた我らである。・・しかし我らは生死以外に霊存するものである。生死は身体がするのであるから、悲喜してはならない」と、帰結しています。心は不滅であって、その不滅なものは、無限と同体であるからだとしています。これは数カ所で言っています。

「権勢は我が衣を剥ぎ、我が食を絶ち、我が身体を迫害するを得べし。しかれども、決して我が不滅の道心を奪う能わじ。我、我が道心を失わず、我が生命において損する所なし。」

また、

「一。主観すなわち心の不滅なることを信ず。」

『清沢満之全集』法蔵館7巻－p．10

不滅は客観上の実態ではなく、主観上（内心）のことであると力説しています。それは実験してみればわかることだと言明しています。

「在るとは何ぞや、知れるなり。知らざるものは無きものなり。」

『清沢満之全集』法蔵館7巻－p．131

と、いくら在ったとしても、知らなければないも同然なのです。「実と思はゞ信ずべし。思わざれば疑うも可なり。」

「どうぞご自由に」と、満之は絶対無限への信を淡々と述べました。信はその人の選択であり、その人の境涯なのです。

第三節　精神主義運動

第一項　社会との関わり

精神主義運動は明治33年9月、満之の東京の住居に教え子が同居して、教えを受けたことから始まりました。この共同生活をみんなで「浩々洞《こうこうどう》」と名付け、月刊誌『精神界』を発行しました。満之は36年6月に亡くなりますから、3年足らずの活動に過ぎません。しかしこの3年間の運動がなければ、満之の宗教思想は世間に知られることはなかったでしょう。

「精神主義」という名称には、面白い話があります。『精神界』という月刊誌を出すことに決めたのは浩々洞の弟子たちの投票でした。仏教の用語を使わずに、人々に如来の慈悲を伝えたいという計画でした。第一号に満之が「何を書きましょうかな」といったので、弟子たちが「『精神界』ですから精神主義がよいでしょう」と答えたのでそう決まったといいます。満之は名称にまったくこだわりませんでした。

満之は3年間に、「精神主義」、「自由と服従の双運」、「心霊の諸徳」、「迷悶者の安慰」、

「絶対他力の大道」、「宗教的信念の必須条件」、「他力の救済」、「我が信念」などの重要な論説を矢継ぎ早に発表しました。

またこの間、東京に移転した真宗大学の学長に就き、浩々洞で日曜講話を開いたり、各種の講演活動をしました。賛同者が続出して活況を呈しました。

精神主義運動が世間にどんな姿勢だったのか、「創刊号」の序からうかがってみましょう。

「『精神界』は、何ゆえに世に出づるや・・『精神界』は、悲しまんがために、泣かんがために、争わんがために、叫ばんがために、世に出づるにあらず。仏の知慧をたたえんがために世に出づるなり。苦と悲との谷を去りて、安慰と歓喜との野に遊ばんと欲する者は、ここに来れ。光明はとこしへにここにましまさん。」

『清沢満之全集』法蔵館8巻－p．303

と、苦悶するすべての人とともに仏の知慧をたたえよう、安慰と歓喜の世界に歩もうと提唱されています。精神主義運動は、稲光のように世に知られることとなりました。

第二項　精神主義運動の特徴

世の中には多くの主義や主張が存在します。反対の意見や、戦いを挑む議論もあります。しかしどんなに主義や主張が異なっても、精神主義の実行には邪魔にならないという姿勢をとりました。

「精神主義は、学説には無関係である・・地動説を取る人には、地動説を取るをさまたげず、天動説を取る人には、天動説を取るをさまたげず。唯物論を取る人には、唯物論を取るをさまたげず。一神論を取る人には、一神論を取るをさまたげず。汎神論を取る人には、汎神論を取るをさまたげず。つとに学説上において、人々の所見をさまたげざるのみならず、実際の行為上においても、精神主義は、決して客観的に、善悪邪正等を認定しません。・・我が心機だに開展すれば、いかなる事に対しても、決して怒ることなく、常に喜びえるものであるというが、精神主義の主張であります。」

『清沢満之全集』法蔵館6巻－p.64

と、主義主張や学説を超え、宗教という枠さえ超えて、自由と満足を得るストレートな他力運動を標榜しました。この意味で精神主義運動は、どんな既存の宗教運動とも異なっています。

第三項　批難

しかしこのような精神主義運動に、世間からごうごうと批難が巻き起こりました。事の発端は、暁烏敏によると次のようなものでした。

「『精神界』という雑誌に毎号先生（満之）が文章を書かれた。ある時、先生が京都へ行かれて留守だったので、わしが代りに書いた。「精神主義と性情」という文章だった。それには極楽へ行くのには、泥棒でもいい、盗人してもいい、姦通してもいい、人殺しをしてもいい、みんな極楽へ行くということを書いた。すると先生は京都におって、『今月号にはあんた随分思い切って書いたね。』という手紙が来た。ところが、これが雑誌に出たらその時分の『新仏教』や、その他の雑誌からやかましい非難がおきた。」

『清沢満之全集』法蔵館8巻－p．311

と、いうものでした。当時は宗教も国家に役立たねばならず、道徳的であるべきだという国益優先の時代でしたから、「精神主義」は、危険思想だとか反道徳的だという批難が沸き起こったのです。

それに対して満之は、「倫理以上の根拠」や「倫理以上の安慰」を発表しただけで、大きな反論はしませんでした。そして精神主義は、迷悶者の救済の道であることを淡々と述べたと弟子の曾我量深が伝えています。

食卓演説

東京上野の精養軒で京浜仏教徒会が開かれました。その食卓を囲んでの席上、満之は立ち上がってよく通る声で次の演説をしました。

「我々が精神主義を唱へて、諸方の高教、まことに感謝のいたりに堪えぬことであるけれども、我々は何らをも主張するのでなく、ただ自己の罪悪と無能とを懺悔して、如来の御前にひれふすばかりである。要は慚愧の表白にほかならぬとの御語《おことば》であった。その森厳なる御面容、彷彿《ほうふつ》として忘るることができぬ。」

『清沢満之全集』法蔵館8巻－p．288

と、世間には抗弁せず、自らの罪悪無能を懺悔し、如来救済の光にあう以外に人間の歩むべき道はないという強い信念を述べたのでした。

第四項　世界第一の仏教大学

誰もが、いつでも、どんな状況でも、宗教の本質を体現できる「宗教イコール仏教」という真宗大学の精神が、具体的に完成されていきました。

「先生かつて真宗大学を論じていわく。この大学は世界第一の仏教大学たらしめざるべからず。他日、欧米より仏教を学ばんがために日本に留学するものあらば、必ずまず真宗大学（現大谷大学）に来たるべし。」

『清沢満之全集』法蔵館8巻－p．490

日本に留学して仏教を学ぼうとするものがすべて集まる世界第一の大学であれと、設立構想が述べられています。このように満之の学団構想はつねに広大なものでした。

満之が宗教のために何ができるかを問い続けた「人類の大義」の結実を、ここに見ることができます。

宗教的信念の確立は、「自由境」を帰結とする、多岐多様な実験が横たわっています。この実験を精神の条路《すじみち》として見返せば、宗教がいかに広大無辺な世界に立っているかということが理解されるのではないでしょうか。

第五項　実験せざるべからず

明治36年、最後の日記「当用日記」の巻末で、「信念解決の後においても、なお苦悩の止まざるは如何」と自らに問いかけています。

「色々苦悩がありて困る。よろしく信念を発得すべきなり。
信念を発得せば、苦悩を脱却し得べきなり。

脱却し得べしというも、得べからずというも、言語に過ぎず、

実際は汝みずから、これを実験せざるべからず。」

『清沢満之全集』法蔵館7巻－p．488

苦悩を脱するのは言葉でなく、実験して信念を発得する以外にないことがあらためて強く述べられています。

「釈迦如来かくれましまして二千五百年、正像末《しょうぞうまつ》の三時は終って、新しい仏陀が生れましたのである。その名は清沢満之先生であった」

『清沢満之先生』西村見暁著法蔵館　p．206

と、西村見暁が感動的に述べています。釈迦牟尼の時代から2500年経過して、歴史が大きく一巡したという認識の言葉でした。

了

おわりに

清沢満之は精神界の偉人です。豊かな発想、あふれんばかりの好奇心、そして常に新たな宗教的実験を試みる真摯な姿勢。彼は人間の思考原理に革新的な意味を付加し、人間の理性に正面から挑んで、精神の極地を垣間見ることのできた希有の人です。惜しむらくは彼の生涯が満令四十年にみたず、信念確立からわずか五年の寿命でしかありませんでした。

「仏陀は、さらに大なる難事を示して、ますます佳境に進入せしめたもう」

と述べる精神主義運動がそのまま続いたなら、宗教世界はどれだけ変わったことだろうかと惜しまれます。しかし短命ではありましたが、彼の行なった宗教的実験の光芒は、いつの時代にもどんな国にも、大きな新しい息吹を伝えていくに違いありません。

『清沢満之の宗教原理論』おわり

参考文献

『清沢満之全集』全8巻　暁烏敏・西村見暁編　法蔵館1953～1956
『清沢満之全集』全9巻　大谷大学編　岩波書店　2002～2003
『清沢満之先生』西村見暁著　法蔵館　1951
『人物叢書　清沢満之』吉田久一著　吉川弘文館　1961
『清沢満之の研究』教化研究所編刊　1957
『清沢先生の世界』金子大栄著　文明堂　1975
『他力門哲学骸骨』藤田正勝訳　法蔵館　2003

『大乗仏教の思想』 上田義文 レグルス文庫 1977
『エピクテートス人生談義』 全2巻 鹿野治助訳 岩波書店 1978
『ブッダのことば』 中村元訳 岩波書店 1977
『評伝 清沢満之』 脇本平也著 法蔵館 1982
『二十世紀末の闇と光』 司馬遼太郎他著 中央公論新社 2004
『清沢満之 生涯と思想』 教学研究所編 東本願寺出版 2004
『臘扇記 注釈』 大谷大学真宗総合研究所 法蔵館 2008

清沢満之重要年表

数え年	年次	西暦	事歴	宗教界・著作	社会・教団
1	文久3	1863	名古屋黒門町に生まれる。父徳永永則、母タキ。幼名満之助。	東本願寺、朝廷に攘夷親征黄金一万両を献ず。	
2	元治元	1864	妹誕生のため、祖母マツの家で養育される。		蛤御門の変（7月）東本願寺両堂焼失。
3	慶応元	1865			本堂再建の綸旨。
4	2	1866	祖母マツ死去、父母のもとに帰る。		仮本堂落成4月。
5	3	1867			慶喜大政奉還10月。王政復古令12月。
6	明治元	1868		東京改称9月。	戊辰戦争1月。明治と改元9月。神仏分離令。
7	2	1869		北海道開拓を願い出る現如6月。青年僧本山旧弊改革の騒乱4月。	版籍奉還6月。造幣局設置2月。小学校設置3月。
8	3	1870	渡辺圭一郎の塾不怠堂に通学。	佩刀を禁ず12月。	殖産興業官営・鉄道電信鉱山造船牧畜製糸。

9	4	1871		岩倉使節団米欧視察11月～一年。宮中の仏像仏具を泉涌寺へ移し、葬礼神式に。	三河大浜騒動。廃藩置県7月。
10	5	1872	愛知県第五義校が開校し義校生となる。	一向宗から浄土真宗公認3月。僧侶の肉食妻帯蓄髪を許す。	徴兵令12月。富国強兵策。太陽暦使用。東京横浜間鉄道開通9月。
11	6	1873	義校を廃し、小学校設立。	地租改正法。一揆3％→2・5％自由民権運動へ。キリシタン禁令の高札撤去。	征韓論破裂10月。新聞紙条例10月。自由民権運動高まる。
12	7	1874	愛知英語学校に入学12月。	僧侶の神葬を禁ず11月。	台湾出兵琉球人4月。板垣退助、民選議院設立建白1月。
13	8	1875	東本願寺、育英教校開設		江華島事件9月。愛国社設立・国会、地租改正、条約改正等国民的課題。
14	9	1876			神風連、萩の乱10月。
15	10	1877	愛知県医学校に入学。ドイツ語を習う。4月入9月退。	このころ、四書五経を習う。	西南の役始まる。東京帝国大学開設4月。
16	11	1878	覚音寺衆徒として得度をする2月。育英教校に入学3月。稲葉・今川を知る。	仏教各宗派、肉食妻帯を通達ス。	

17	12	1879			
18	13	1880			
19	14	1881	満之東京留学を命じられる。稲葉・柳と共に。	国会開設の詔10年後10月。(14年の政変)	
20	15	1882	大学予備門二級に編入学。物理学に関心を寄せる。		不換紙幣インフレ、日本銀行のみが兌換銀行券。好景気に。
21	16	1883	予備門を卒業、東京大学文学部哲学科に入学。大学に暴動あり、連座して退学。すぐ再入学。	予備門日記。	鹿鳴館開館。
22	17	1884	井上円了、哲学会を創設。満之参加。フェノロサのヘーゲル哲学に感銘する。		
23	18	1885	東京留学生集まり、進路を相談。学団を組織。		
24	19	1886			
25	20	1887	大学哲学科を卒業。大学院に入る7月。東京本郷片町に、両親とともに暮らす。	満之心理論理純正哲学を講ず。哲学界雑誌創刊・編集にあたる。	東本願寺、京都府より府立尋常中学校の経営を委嘱される。

26	21	1888	京都府立尋常中学校長として赴任7月。清沢やすと結婚8月。	真宗大学寮で西洋哲学史を講ず。	
27	22	1889	稲葉昌丸中学校教諭となる7月。長女みち誕生。	「論理学」「心理学」試稿を書く。	
28	23	1890	校長の職を稲葉昌丸に託して辞職7月。禁欲生活を始める。	『歎異抄』等仮名聖教に親しむ。	教育勅語発布。第1回帝国議会開会。濃尾大地震。
29	24	1891	母たき死去（49歳）。禁欲生活厳しくなる。	「宗教哲学骸骨」を講ず。真宗大学寮9月から。	内村鑑三、不敬事件起こる。
30	25	1892	ミニマムポシブルを実験。近郊の行者を歴訪。満之・稲葉・豊忠らと教学の独立を主張10月。	『宗教哲学骸骨』出版。近郊の行者を歴訪。	東本願寺、本堂上棟式。
31	26	1893	長男信一誕生1月。三重県まで行者旅行。シカゴ万国宗教大会で宗教哲学骸骨を紹介8月。新しく大谷中学開設・校長に沢柳政太郎。	「思想開発環」を講ず。三重県二見浦7月。各地名僧を歴訪7月。	東本願寺、尋常中学校を京都府に返還3月。
32	27	1894	結核診断下る4月。友人の強制で、須磨西垂水に転地療養6月。中学校新体制発足7月。学生ストライキ10月。	日記「保養雑記」7月。中学生同盟休校10月。	日清戦争始まる8月。資本主義の発達。工業発展。

33	28	1895	禅宗洞養寺に逗留 垂水の療養地から京都へ帰る7月。 本山寺務改正の建言書を提出7月。 このころ清沢姓を名乗る。	『在床懺悔録』『他力門哲学骸骨試稿』2月。	威海衛海戦で大勝。北洋艦隊丁汝昌条件自決2月。 日清講和条約4月。（銀2億両、台湾遼東半島植民地） 東本願寺、両堂落成4月。
34	29	1896	京都白川村に籠居し、『教界時言』を発刊10月。 宗門改革を唱える。檄文10月。	渥美契縁、退陣12月。	東本願寺、第1回議制局会議を開催。
35	30	1897	大谷派革新全国同盟会結成2月。 除名処分を受ける2月。 次男即応誕生4月。 同盟会を解散11月。	石川舜台参務となる3月。 『阿含経』読誦を始める年末より。	足尾銅山鉱毒事件起こる。
36	31	1898	『教界時言』廃刊。除名処分解かれる4月。 家族とともに大浜西方寺に入る5月。 新法主彰如の招きで東京へ9月。 大浜に帰省10月。	病床雑誌1月・徒然雑誌・臘扇記を書く8月。 『エピクテタス語録』を読む9月。	蓮如上人四百回忌法要。
37	32	1899	新法主彰如の補導の任に当たる6月。	「有限無限録」その他を執筆6月。 破邪顕正談を講ず7月。 「転迷開悟語録」・秋。	

38	33	1900	門下生らと浩々洞にて共同生活をはじめる。暁烏・多田・佐々木・本郷森川町9月。	無尽灯誌に「心霊の修養」「空想の実用」当用日記。	仏教清徒同志会『新仏教』を創刊。
39	34	1901	浩々洞より『精神界』発刊1月。真宗大学、東京に開校、学長になる10月。暁烏敏「精神主義と性情」発表12月。	精神主義と他力など精神主義関係発表1月。浩々洞にて日曜講話開始11月。	福沢諭吉没。東本願寺、御真影遷座三百年法要。
40	35	1902	上野精養軒、仏教徒懇話会で演説す。浩々洞移転・本郷東片町6月。真宗大学の紛争。長男信一6月・妻やす10月没。真宗大学学監を辞し10月、西方寺に帰る11月。	「迷悶者の安慰」1月。「倫理以上の安慰」「絶対他力の大道」発表。「エピクテタス氏」書く。	日英同盟。正岡子規没。石川辞任4月。42万円事件。
41	36	1903	本山会議後，大谷本廟参詣2月。曾我量深、入堂3月。三男広済没4月。6月6日満之死去。法名信力院釈現誠。	他力の救済・喀血したる肺病人。真俗二諦門など発表5月。「我が信念」脱稿5月。	南条文雄、真宗大学学監となる2月。渥美契縁寺務総長3月。藤村操、華厳滝投身自殺5月。
42	37	1904			日露戦争始まる2月。

〈著者紹介〉
藤島 正雄（ふじしま　まさお）
旧姓河谷
1948年1月7日生まれ
山口県岩国市周東町

大谷大学文学部　真宗学科入学	1970年
大谷大学文学部　真宗学科卒業	1974年
大谷大学大学院修士課程真宗学科入学	1974年
大谷大学大学院修士課程真宗学科修了	1976年
浄土真宗本願寺派浄円寺入寺	1983年
同　　　　住職	1985年

著作
『清沢満之の研究』Ⅰ『聞光』14号広瀬杲監修1977年
『清沢満之の研究』Ⅱ『聞光』15号広瀬杲監修1978年
『清沢満之の研究』Ⅲ『聞光』16号広瀬杲監修1978年

清沢満之《きよざわまんし》の宗教《しゅうきょう》原理論《げんりろん》

2025年2月20日　第1刷発行

著　者　　藤島 正雄
発行人　　久保田貴幸

発行元　　株式会社 幻冬舎メディアコンサルティング
〒151-0051　東京都渋谷区千駄ヶ谷4-9-7
電話　03-5411-6440（編集）

発売元　　株式会社 幻冬舎
〒151-0051　東京都渋谷区千駄ヶ谷4-9-7
電話　03-5411-6222（営業）

印刷・製本　中央精版印刷株式会社
装　丁　　村上次郎

検印廃止

Printed in Japan
ISBN 978-4-344-69215-2 C0015
幻冬舎メディアコンサルティングＨＰ
https://www.gentosha-mc.com/